JN439511

명수필 다시 읽기

해설 및 감상 김지형

명수필 다시 읽기

해설 및 감상 김지형

소소리

명수필 다시 읽기

해설 및 감상 김지형

1판 1쇄 인쇄/ 2019년 7월 5일
1판 1쇄 발행/ 2019년 7월 10일

지은이 / 김 지 형
펴낸이 / 우 희 정
펴낸곳 / 도서출판 소소리

등록 / 제300-2007-21호
주소 / 03073 서울 종로구 성균관로 5길 39-16
전화 / 765-5663, 010-4265-5663
e-mail: sosori39@hanmail.net
www.sosori.net

값 12,000 원

*잘못된 책은 바꿔드립니다.

ISBN 979-11-5891-125-6 03810

책을 내면서

"역사는 산맥을 기록하고 문학은 골짜기를 기록한다."라고 소설가 이병주는 말했다.

한 개인에게도 누구나 지나온 역사가 있다. 수필은 진솔한 자기고백을 문학적으로 승화한 장르일진대, 우리보다 앞서간 명사들의 삶에 점철된 산맥과 골짜기를, 그들이 남긴 수필작품을 들여다보며 시대의 아픔과 회한을 다시 한 번 되새겨보는 것도 의미가 있다고 생각되어, 그동안 『문학시대』에 연재한 「명수필 다시 읽기」를 엮어서 내놓게 되었다.

각각의 작품마다 내 삶을 대입시켜 수필형식으로 쓰려고 노력했다.

지면을 할애해 주신 소소리 우희정 대표와 그림을 주신 상남 성춘복 시인님께 감사의 말씀을 드린다.

2019년 6월 金芝馨

1. 슬픈 파도소리

2. 잊혀가는 것에 대한 애가

3. 꿈꾸는 인생

1.

슬픈 파도소리

연암의 청빈한 삶

『열하일기(熱河日記)』의 저자 연암 박지원은 18세기 조선 문학사를 문예부흥기로 이끈 많은 문장가 중 가장 독보적인 위상을 차지한 인물이라고 해도 지나침이 없을 듯하다.

정조 4년(1780년) 청나라 건륭제의 칠순 연(宴)에 축하사신으로 떠나는 삼종형 박명원과 동행하여 그가 보고 겪은 전 여정을 일기형식으로 쓴 『열하일기』는, 그 당시 중국의 역사·지리·풍속·건축·선박·의학·정치·경제·문학·천문 등에 걸친 중국의 신문물을 총망라하여 상세하게 저술함으로서 우리의 문화에 지대한 영향을 끼친 대작이다.

그의 문장 실력에 대하여, 한 비평가는 당송팔대가(唐宋八大家)와 비교해도 뒤지지 않을 만큼 문체가 웅장하고 여유 있고 천년을 앞서 내려다보는 듯하다고 평했으니 어찌 자랑스럽지 아니하랴!

연암(燕巖)의 수필 「내가 살아가는 모습」에는 그의 꾸밈없고 소탈

하고 청빈한 삶이 그대로 담겨져 있어, 인간적인 면면과 생활을 엿볼 수 있는 귀한 자료이기도 하다.

어느 여름날, 19세의 젊은 문인 낙서(洛瑞)라는 사람이 연암을 방문하고 돌아가서, 하도 의외의 장면을 보고 놀라 글을 남긴 데 대해서 이 수필은 시작되었다.

"내가 연암 어른을 찾아갔었는데, 그 어른은 사흘이나 끼니를 거른 채 망건도 벗고 버선도 벗고 창틀에 다리를 걸치고 누워서, 행랑의 천한 것들과 어울려 서로 말을 주고받고 계셨다." 그 시대 양반의 체통으로서 있을 수 없는 일이었으니 놀랄 만하다.

그때가 음력 6월, 식구들은 모두 처가인 광릉(廣陵)에 살고 있었는데, 그는 몸집이 비대하고 더위를 몹시 타는데다가 시골의 모기, 파리 떼와 밤낮없이 울어대는 개구리 떼가 지겨워서 여름이면 늘 서울 집으로 피서를 왔다고 한다. 연암의 서울 집은 전의감동, 지금의 종로구 공평동의 골목에 위치해 있었다. 집을 봐주던 계집종 하나가 있었는데 어느 날 눈병이 나서 미친 듯 울어대더니 그대로 도망가 버리고 말아, 당장 밥 지어 줄 사람이 없으니 행랑채에 사는 사람에게 얹혀서 밥을 먹고 지냈다고 한다.

연암의 서울 집에서의 여름나기, 그는 거칠고 게으른 생활에 버릇이 들었다. 남의 경조사도 챙기지도 않고, 며칠씩 세수를 안 할 때도 있고 망건을 쓰지 않기도 하고, 손님이 와도 반기지 않았다고 했다. 행랑채에 의탁해서 밥을 얻어먹다가 끼니가 떨어지면 사흘씩 굶기도 했으니 그야말로 주변 없고 게을러 보이기도 한다.

그러나 연암은 선비였다. 연암을 연구한 어느 외국인 교수는 '과거 선비정신은, 희생이 따르더라도 사회를 위해 책임감을 갖고 노력하는 지성인'이라고 정의할 수 있는데 연암이야말로 이를 실천한 대표적 인물이라고 평했다.

밥을 굶으면서도, 행랑아범이 자기 자식에게 욕을 퍼부으며 나무라자 송나라 장영이라는 사람의 고사(故事)를 예를 들어가며 깨우쳐 주고, 나무장수나 참외장수가 지나가면 불러서 앉혀놓고 그들에게 효제충신(孝悌忠信)이나 염치에 대하여 친절을 다해 가르치기도 했다고 했으니 그의 백성을 사랑하는 마음을 엿볼 수 있다.

이 글은 평범한 일상을 그린 것 같지만 이 한 편에도 연암의 철학과 해박한 지식이 녹아들어있는 비범한 수필이다.

어느 날, 한쪽 다리가 부러진 새끼 까치 한 마리가 비틀거리며 다니는 것이 가엾어 밥알을 던져 주었더니, 날마다 찾아와 서로 친하게 되었다고 한다. 그러자 이 사실을 비유적으로 "맹상군은 전혀 없고 단지 평원군의 식객만 있구나."라고 자조(自嘲)했다.

제나라의 재상 맹상군은 돈을 뜻하고, 평원군은 조나라의 왕자인데 그의 식객 중에 다리를 저는 사람이 있었던 데서 비롯된 것이다. 이와 같이 평범한 일상에서도 옛 고사를 연상하는 그의 해학(諧謔)을 읽을 수 있다.

어디 그뿐인가! 스스로를 자화자찬하는 데에도 중국 성현의 이름을 일일이 거론하며 스스로 만족해하는 데에는 절로 미소가 지어진다.

"모든 사람을 고루 사랑하는 것은 묵적과 같고, 쌀독이 자주 비는 것은 안연과 같고, 마음이 넓어서 사물에 구애받지 않는 것은 장자와 같고, 참선하는 것은 석가모니와 같고… 스스로를 훌륭한 사람에 비기는 것은 제갈공명과 같으니, 나는 거의 성인에 가깝지 않은가!" 등등 해박한 지식에 유머까지 곁들인 비유이나, 거론한 모든 이들을 닮고 싶다는 반어법(反語法)이 아닐까!

호모 루덴스(Homo Rudens)- 연암은 놀이를 즐기고 해학과 풍자, 호탕하고 자유를 누리는 인성을 타고났다. 열하일기 곳곳에 그의 자유로운 일탈의 모습이 그려지고 있다.

「북방여행기」에는 그가 만리장성에 이르렀을 때, "사방을 둘러보아도 벼루와 물을 찾을 길 없기에 새벽 술참으로 샀던 술로 먹을 갈아서 별빛 아래서 만리장성 벽에다 이름을 새겼다."라고 기록되어 있다. 누가 그 풍류를 막을 수 있으랴!

1805년 69세를 일기로 연암은 세상을 떠났다. 그의 유언은 '깨끗이 목욕시켜 달라'는 것뿐이었다고 한다. 이 세상에서의 모든 것을 다 지워버리고 싶다는 뜻이었을까!

문득 연암이 남긴, 아포리즘으로 기억할 한 구절이 가슴을 울린다. "세상에 한 사람이라도 자기를 알아주는 사람을 얻는다는 것은 정말 여한이 없는 일이거든!" 연암은 그의 소원대로 후세에 길이 남는 이름을 남겼으니 여한이 없을 것이다.

과연 나에게는 그 한 사람이 있을까! 선뜻 답이 나오지 않는다.

내가 살아가는 모습

박 지 원

(문장가 · 1737~1805)

6월 어느 날 밤, 낙서(洛瑞)가 나를 찾아왔다가 돌아가서 글 한 편을 지었는데, 그 글에 이런 말이 있었다.

"내가 연암 어른을 찾아갔었는데, 그 어른은 사흘이나 끼니를 거른 채 망건도 벗고 버선도 벗고 창틀에 다리를 걸치고 누워서, 행랑의 천한 것들과 어울려 서로 말을 주고받고 계셨다."

그 글에서 연암이라고 한 것은 바로 나를 말함인데, 내가 황해도 금천협 연암 골짜기에 살기 때문에 사람들이 그 골짜기 이름을 따서 내 호를 삼아 부르고 있는 것이다.

그때 나의 식구들은 모두 광릉에 있었다. 내가 원래 몸집이 비대해서 몹시 더위를 타는데다가 또 풀과 나무가 울창해서 여름밤의 모기와 파리 떼도 두통거리이려니와, 논에서 개구리 떼가 밤낮 없이 울어대는 것도 지겨워서 여름만 되면 늘 서울 집으로 피서를 오곤 했다. 서울 집이 비록 낮고 좁아 터졌지만 모기나 개구리 때문에 고생하는 일은 없었다.

집에는 집을 봐주던 계집종 하나뿐이었는데, 갑자기 눈병이 나서 미친 듯 울어대더니 나를 두고 달아나 버렸다. 당장 밥을 지어줄 사람이 걱정이었다. 할 수 없이 행랑채에 사는 사람에게 부탁해서 밥을 먹게 되었다. 그러다 보니 자연히 서로 터놓고 지내게 되고, 저희들로 나를 꺼리지 않아 노비처럼 부릴 수 있었다.

혼자 조용히 살자니 마음에 한 가지 생각 일어나지 않고, 가끔 시골집에서 오는 편지를 받더라도 다만 평안하다는 글자나 훑어보고는 팽개쳐 두었다.

이러다 보니 거칠고 게으른 생활에 버릇이 들어, 남의 경조사에 인사하는 것도 모두 그만두어 버리게 되었다. 어떤 때는 며칠씩 세수를 하지 않기도 하고, 어떤 때는 열흘이 넘도록 망건을 쓰지 않기도 했다. 손님이 와도 아무 말도 없이 조용히 앉아 있기만 하는 때도 있었다. 그런가 하면 어떤 때는 나무장수나 참외 장수가 지나가면 불러서 앉혀놓고 그들에게 효제충신(孝悌忠信)과 예의염치에 대하여 친절을 다해 가르치기도 했다.

남들은 나를 보고 눈치 없이 한 번 말이 나오면 질리도록 오래 끈다고 불평을 하지만 그 버릇을 고칠 수가 없었다. 또 어떤 사람은 나더러 가정이 있으면서도 객지에서 나그네 노릇을 하고, 처자가 있는데도 중처럼 혼자 산다고 비웃지만, 나는 더욱 느긋해져서 바야흐로 해야 할 일이 한 가지도 없는 것을 만족스럽게 여기며 살고 있다.

어느 날이었다. 까치 새끼 한 마리가 한쪽 다리가 부러져 비틀거리고 다니는 것이 보기에 우스웠다. 밥알을 던져주었더니 차츰 길이 들어 날마다 찾아와 서로 친하게 되었다. 그래서 그놈과 장난을 하며 "맹상군은 전혀 없고 단지 평원군의 식객만 있구나."라고 말했다.

왜 그랬는가 하면, 우리나라 관습에 화폐의 단위를 문(文)이라고 하기 때문에 결국 돈은 전문(錢文)이라 할 수 있다. 그런데 제나라 제상 맹상군의 성이 전(田)이요 이름이 문(文)이므로 맹상군은 곧 전문(田文)인데, 이 전문과 돈을 뜻하는 전문(錢文)의 음이 같기 때문에 그런 농담을 해본 것이다.

그리고 평원군의 식객이란 절름발이라는 뜻이다.

졸다가 남은 시간이 있으면 책을 보고, 책을 보다가 또 졸아도 아무도 깨우는 사람이 없어서 어떤 때는 하루 종일을 푹 자버리기도 한다. 때로는 어쩌다가 글을 지어 나의 뜻을 펴 보기도 하고, 그러다가 싫증이 나면 새로 배운 칠현소금(七絃小琴)으로 두어 곡조를 뜯기도 한다. 어떤 친구가 술을 보내 주면 기쁘게 펴 마신다. 취한 뒤에는 나 자신을 스스로 예찬해 보기도 한다.

"내가 나만을 위하는 것은 양주와 같고, 모든 사람을 고루 사랑하는 것은 묵적과 같고, 자주 쌀독이 비는 것은 안연과 같고, 꼼짝 않고 앉아 있는 것은 노자와 같고, 마음이 넓어서 사물에 구애 받지 않는 것은 장자와 같고, 참선하는 것은 석가모니와 같고, 이것저것 따지지 않는 것은 유하혜와 같고, 술을 잘 마시는 것은 진(晋)나라 죽림칠현의 한 사람인 유령과 같고, 남의 집에 얹혀 밥을 얻어먹는 것은 한신과 같고, 잠을 잘 자는 것은 진박과 같고, 거문고를 잘 타는 것은 자상호와 같고, 책을 저술하는 것은 양웅과 같고, 스스로를 훌륭한 사람에 비기는 것은 제갈공명과 같으니, 나는 거의 성인에 가깝지 않은가! 다만 키만 크고 무능하기로는 조교에게 겸손해야 하고, 3일을 굶어도 염치를 찾는 것으로는 오릉중자에게 양보해야 하니, 그것이 부끄럽고 부끄럽구나."

그리고는 혼자서 크게 한바탕 웃는다.

그때 나는 정말로 사흘째 굶고 있었는데, 행랑살이하는 사람이 남의 지붕을 이어주고 품삯을 받아 와서야 겨우 저녁밥을 지었다. 행랑방 어린애가 밥투정을 하느라 울면서 먹으려 들지 않자, 행랑살이하는 사람이 성이 나서 밥사발을 엎어 개에게 주고는 고래고래 소리를 지르면서 '죽으라고' 욕을 퍼부었다. 그때 내가 막 밥을 먹고 곤해서 드러누웠다가 송나라 장영이 촉 지방의 수령으로 있을 때 어린애를 목 베어 죽인 일을 예로 들어서 깨우쳐 주고, 또 평소에 가르치지 않고 도리어 욕만 퍼부으면 커서 은혜도 모르는 불효자가 된다고 말해 주었다.

고개를 들어 하늘을 보니 은하수는 지붕 위에 드리워 있고 별똥별이 서쪽으로 흐르며 하늘에 하얀 직선을 그린다. 행랑살이하는 사람과의 대화가 채 끝나지 않았는데 낙서가 오더니

"어르신께서는 혼자 누워서 누구와 이야기하십니까?" 하고 물었다. 그가 이른바 "행랑의 천한 것들과 이야기를 주고받더라."고 적은 것은 바로 이런 내용이다.

또 낙서의 글에는 눈 오는 날, 떡을 구워 먹던 때의 일을 말하고 있는데 그것은 내가 옛집에 살고 있을 때의 일로, 낙서의 집과 우리 집이 서로 마주하고 있어서 그가 어려서부터 나를 잘 보아왔기 때문이리라. 그때만 해도 찾아오는 손님들도 많았고, 나도 세상에 대해서 펴고자 하는 뜻이 적지 않았다. 그런데 금년 내 나이 40도 채 못 되어 벌써 머리털이 하얗게 센 것을 보고서 그가 느낀 바가 적지 않았던 모양이다.

그러나 나는 이미 병들고 피곤해졌으며, 기백은 쇠하여 꺾였고 세상에 대한 의욕도 조용히 사라져버렸으니, 다시는 옛날 그때로 돌아갈 수가 없다. 이에 글을 지어 보답하고자 하는 것이다.

춘원(春園)에 대한 연민(憐憫)

호주로 이민 간 여학교 때부터의 단짝 친구 숙이가 춘원 이광수의 오래된 수필집 『돌베개』를 보내왔다. 빛바랜 표지부터 감회가 남달랐고 책장마다 그 행간에서 느끼는 춘원의 신산(辛酸)했던 삶이 느껴져 마음이 아팠다.

조선조 말 국운이 기울어가던 격변기에 2, 3년 차로 태어난 홍명희. 최남선과 더불어 조선의 3대 천재로 불리며 한 시대를 풍미했던 소설가 춘원은 험난한 나라의 운명처럼 그의 일생 또한 질곡의 연속이었다.

그가 최초의 근대 장편소설 「무정」을 시작으로 약 60여 편의 소설 외에 『돌베개』 『나의 고백』 등 두 권의 수필집을 발표한 것은 그 의미가 남다르다.

수필은 진솔한 자기고백을 문학적으로 승화한 장르이다. 그는 이 수필집의 서문에서 "나는 지나간 30여 년 내에 수십 권의 책을 발표

했지만 이 책처럼 참으로 내 것이다 하는 것은 없었다. 수필과 시조만은 다 내 혼(魂)의 사진이다"라고 피력했다. 또한 "내가 무엇인고? 어디서 무엇 하러 왔노? 무엇을 하고 어디로 가는 것인고?" 이렇게 말년에 자기 성찰을 하며 끝없이 생(生)을 고심한 흔적이 보인다. 춘원의 이 사고(思考)야말로 모름지기 수필인들이 본받아야 할 자세라 여겨진다.

대부분 그의 수필은 길어서 그중 현대의 수필 분량에 적당한 「손가락」이란 작품을 골라본다.

글의 서두에 스스로 '죽음을 결심하고 실행에 옮기려던 사람도 그 순간 어느 누가 따뜻한 사랑의 손길을 내민다면 그는 다시 새로운 힘을 얻고 살아갈 것'이라고 서술한 것은 수없이 겪은 그의 경험을 토대로 한 고백이리라.

"그것은 내가 열한 살 적 일이다. 불과 열흘 내에 아버지와 어머니가 다 괴질로 돌아가시고 어린 누이동생들과 나와만 남았을 때다…."

하루아침에 소년가장이 된 그는 어린 누이동생들의 생계를 맡아야 했다. 어느 날 산에 밥을 지을 나무를 하러 갔다가 그만 낫이 나무뿌리에 미끄러지면서 왼손 무명지 셋째 마디를 썩 들이 베었다. 이때 그는 손가락에서 흘러내리는 빨간 피를 보자 갑자기 온갖 설움이 밀려와 그 자리에 펄썩 주저앉아 '몸에 있는 피가 죄다 눈물이 되어버린 것같이 울었다. 해가 넘어가는 줄도 모르고 울었다.'

이때 한 여인이 나타나 등 뒤에서 껴안으며 "아이고 가엾어라, 너

왜 여기 앉아서 이렇게 우니? 부모 생각이 나서 그러니?" 하며 전후 사정을 알고는 입으로 손가락의 피를 빨고는 부리나케 풀 속을 돌아 다니며 '쑥 솜'을 뜯어다가 자기의 치마고름을 쩍 찢어서 꼭꼭 싸매어주며 "자 집으로 가요. 초년고생을 해야 크게 된다. 울지 말아요." 마치 어머니가 어린 자식 달래듯 입을 맞추며 위로한다.

"얼마를 내려오다가 돌아본즉 그 여인은 어스름한 산그늘로 가물가물 걸어가는 것이 보인다." 만일 그날 그 여인을 만나지 못했다면 오늘날 우리 현대문학의 거두인 춘원은 없었을 것이고 그의 주옥같은 명작들을 만나지 못했을지도 모른다는 생각을 하니 인생에서 한 순간이, 또한 어떤 사람을 만남에 따라 운명이 바뀔 수도 있다는 진리를 깨닫는다.

나는 이 수필을 읽으면서 아주 오랫동안 잊고 살았던 한 여인이 떠올라, 옛 생각에 밤잠을 설쳤다. 초등학교 시절, 추운 겨울날 버스를 잘못 타서 길을 잃은 적이 있었다. 사위(四圍)는 캄캄절벽이고 겨울바람은 찬데, 벌판 한가운데 서서 집으로 가는 방향을 가늠할 수조차 없었다. 정작 위기에서는 눈물도 안 나왔다.

이때 정말 기적같이 흰옷을 입은 한 여인이 나타나, 내 손을 잡고 버스를 태워주어 무사히 집으로 돌아올 수 있었다. 나는 그 여인의 은혜를 갚으려야 갚을 길이 없다. 험한 세상에서 그날 나도 그 여인을 만나지 못했다면 어쨌을까 생각하니 지금도 눈앞이 아찔하다.

춘원의 친일 행각에는 안타까움을 금할 수 없다. 일제 강점기에 불우한 가정환경에서도 갖은 역경을 극복하고, 한국 근대문학의 꽃을 피운 천재 작가 춘원!

그는 1919년 도쿄에서 2·8독립선언을 주도하였고, 그 후 상하이로 건너가 임시정부의 기관지인 「독립신문」을 발행하였으며, 1937년 '수양동우회' 사건으로 옥살이를 하는 등 독립운동에도 깊이 관여한 기록이 있다. 인텔리 작가였던 그를 일제가 가만히 놔두지 않았을 것이다. 온갖 유혹과 획책에 시달렸을 것임을 짐작할 수 있다.

그의 심경을 헤아릴 수는 없으나 어쨌든 훼절(?)하여 발표한 「민족 개조론(1922)」 하나만으로도 그가 일제에 협력하였음을 부인할 수 없다. 한국민족을 비하하고 일제를 합리화한 내용이 활자로 명백하게 남아 있으니 무엇으로 친일을 부정할 수 있겠는가!

그러나 조국의 독립을 위해 피 흘려 죽음으로 희생한 애국선열들 외에, 우리 중 누가 그에게 돌을 던질 수 있겠는가! 그보다 더한 친일을 일삼은 인사들이 대대손손 부를 누리며 이 사회 상류층을 누비고 있는 것이 현실이다.

"아버지의 공(功)은 공대로, 과오(過誤)는 과오대로 역사에 남을 수밖에…" 춘원의 3남 이영근 박사의 말이 깊은 여운으로 남는다.

춘원이 남긴 많은 어떤 소설보다도, 그의 수필에서 그에 대한 인간적인 깊은 연민을 느낄 수 있었던 것은 수필만이 갖는 장점일 것이다.

손가락

이광수
(소설가 · 1892~1950)

사람은 하루에도 몇 번씩 죽을 생각이 나는 법이다. 더욱이 나와 같이 일생을 불행 속에서 온 사람은 그러하다.

"에라 죽어 버리자, 죽어 버리면 고만일 것을 내가 왜 이 고생을 해!" 하고 어떻게 하면 얼른 죽어 버릴까 하고 죽을 방법을 생각할 때에는 반드시 무슨 일이 하나 생겨서 도로 살기를 작정하게 되는 법이다. 혹은 말 한마디에 지나지 못하는 수도 있고 혹은 손을 한 번 만져주는 것에 지나지 못하는 것이 죽으려는 사람의 무서운 결심을 면하게 하는 힘을 가진 것이다. 가령, 요새에 흔히 있는 일 모양으로 한강철교에 빠져 죽으려 하는 사람이 있을 때에, 누구든지 그 사람을 껴안고 뺨을 한 번 마주 비벼보라, 그러면 당장에 그 사람의 죽을 마음이 스러져 버리고 말 것이다. 그것은 정의 힘이다. 사랑의 힘이다. 사람의 목숨은 사랑을 먹어야만 산다. 죽으려는 이에게 사랑을 주라. 그는 곧 살아날 것이다.

그것은 내가 열한 살 적 일이다. 불과 열흘 내에 아버지와 어머니가 다 괴질로 돌아가시고 어린 누이동생들과 나와만 남았을 때다. 부모는 다 돌아가셨지마는 그래도 먹고 살겠다고 내가 물을 길어 오고, 반찬을 만들고, 밥을 지었다. 하루는 저녁 지을 나무가 떨어졌기로 나는 낫과 새끼 한 바람을 들고 뒷산으로 올라갔다. 음력 구월이다. 풀이 다 늙어서 베어만 오면 곧 아궁이에 넣을 수가 있었다. 나는 서투른 솜씨로 불 잘 붙을 만한 풀을 골라 가면서 베었다. 이왕이니 내일 하루 때일 것까지는 베어 가지고 간다고 해가 저물도록 풀을 베어서 두어 단 거리나 되었을 적에, 낫이 어떤 나무뿌리에 미끄러지면서 풀을 쥐었던 왼손 무명지 셋째 마디를 썩 들이 베었다. 선뜩하기로 손을 쳐들어보니 빨간 피가 수르르 흘러내린다. 나는 웬일인지 갑자기 설움이 나서 오른손에 들었던 낫을 집어 팽개치고 그 자리에 펄썩 주저앉아 울었다. 얼마를 울었는지 모른다. 내 몸에 있는 피가 죄다 눈물이 되어 버린 것같이 울었다. 울다가 눈을 떠 보면 손가락에서는 점점 더 빨간 피가 흘러내리고, 그것을 보고는 더욱 설움이 나서 울었다.

이렇게 해 넘어가는 줄도 모르고 울고 있을 때에, 누가 등 뒤에서 한 팔로 껴안으며 그 입을 내 입술에 마주대리 만큼 가까이 대고

"아이고 가엾어라, 너 왜 여기 앉아서 이렇게 우니? 부모 생각이 나서 그러니?"

하기로, 나는 피가 흐르는 왼손을 내밀어 보였다. 그것을 보고 그는 깜짝 놀라며,

"에그머니, 이게 웬일이야!"

하고 피 흐르는 내 손가락을 자기 입으로 빨았다. 그의 입술에는 피가 묻었다.

"입에 피."

하고, 나는 그 손을 뿌리쳤다. 그 여인은 허리를 펴서 사방을 둘러보더니, 베어 놓은 풀과, 끝을 땅에 박고 직 굽어선 낫을 보고, 내 손가락이 베어진 까닭을 안듯이 고개를 끄덕끄덕하고는 부리나케 풀 속으로 돌아다니면

서 쑥솜(쑥대에 붙은 솜 같은 것)을 뜯어다가 내 손가락에 대고, 싸맬 것이 없어서 한참 어쩔 줄을 모르더니 입으로 자기의 치마고름을 찍 찢어서 꼭꼭 싸매었다. 다 싸매기도 전에 하얀 치마고름 헝겊에는 주홍빛으로 피가 내비친다. 그리고는 그 여인이 또 한 번 내 목을 껴안고 빰을 제 빰에 비비며 여러 가지로 위로하는 말을 하고는 눈물에 젖은 내 얼굴을 물끄러미 들여다보면서,

"자, 집으로 가요, 어두웠으니… 울지 말아요. 초년고생을 해야 크게 된다, 울지 말어." 하고는, 마치 어머니가 귀여움에 못 견디어 무릎 위에 앉은 어린 자식에게 하는 모양으로 나를 한 번 더 꼭 껴안고 바르르 떨며 입을 맞추었다.

나는 그 여인이 내 몸을 놓기를 기다려 벌떡 일어나서 풀단을 둘러메고 낫을 들고 집을 향하고 뛰어 내려왔다. 얼마를 오다가 뒤를 돌아본즉 그 여인은 아직도 그 자리에 서서 내가 돌아보는 것을 보고 손을 혀긴다(원문 그대로인데 사전에도 없음). 또 내가 얼마를 더 내려오다가 돌아본즉 그 여인은 어스름한 산그늘로 가물가물 걸어가는 것이 보인다.

집에 돌아오니 어린 누이들이 대문 밖에 나서서 울고 섰다. 나는 부엌으로 들어가서 지금 해온 나무로 밥을 지어 누이들과 같이 부뚜막에 앉아서 먹으면서 그 여인의 얼굴을 생각하였다. 그러고는 부모가 다 돌아가신 뒤에 처음으로 기운을 얻어서 언제까지든지 살리라, 힘 있게 살리라 하였다.

그 여인은 어떤 사람인지 모른다. 그는 내가 누군지를 알았던 모양이나, 나는 그가 누구인지를 몰랐다. 그 후에도 만난 일이 없다. 그가 잘해야 나보다 열 살이나 더 먹었을 듯하던 것을 생각하면 아직도 이 세상에 살아 있을 것이다. 아아 모르는 여인이여, 하늘의 복이 당신 위에 내릴지어다.

잎새에 이는 바람

"죽는 날까지 하늘을 우러러 한 점 부끄럼이 없기를 잎새에 이는 바람에도 괴로워했던" 민족시인 윤동주! 그의 오래된 옛 시집에서 뜻밖에 몇 편의 수필을 발견하였다. 반가운 마음에 일독하던 중 특히 「별똥 떨어진 데」를 읽은 후, 시인의 절망과 슬픔이 더욱 진하게 전해져와 착잡하고 애석한 마음을 쉬이 지울 수 없었다. 표지에 실린 눈에 익은 시인의 얼굴, 사각모에 준수한 외모, 나는 그 모습에서 한동안 눈을 떼지 못했다. 한일자로 굳게 다문 입술은 나라 잃은 분노를 안으로 삭이며 침묵으로 항변하는 듯하고 서늘하고 선한 눈빛에는 식민지 지식인의 고뇌가 스며있는 듯하다.

암울하고 어두운 시대에 태어나 그의 재능과 뜻을 다 펼치지도 못하고 악랄한 일제의 만행에 희생된 천재시인의 시대적 아픔이 이 수필 한 편에 담담하나 절절하게 스며들어 있다. 이 글에서 시인은 밤, 별, 나무를 제재(題材)로 하여 어둔 밤하늘 아래 홀로 서서, 빼앗긴 조국과 불안한 자신의 입지를 염려하는 심경을 주제(主題)로 부각시켰다.

"하늘이 푸르다 못해 농회색(濃灰色)으로 캄캄하나 별들만은 또렷또렷 빛나는 밤이다.… 보아라 가령 새벽이 왔다하더라도 이 마을은 그대로 암담하고 나도 그대로 암담하고…" 지금은 밤이지만, 아침이 온다한들 달라질 게 하나도 없는 '한낱 공포의 장막'인 식민지 시대임을 탄식하는 목소리가 아닌가! 또한 "다만 나는 없는 듯 있는 하루살이처럼 허공에 부유(浮遊)하는 한 점에 지나지 않는다."는 구절은 나라를 위해서 아무것도 할 수 없는 자신의 나약한 존재를 자조(自嘲)하고 참회하는 외침으로 들린다.

'나무가 있다.' 처음엔 그를 불행한 존재로 여겼으나 이젠 오히려 나무를 부러워한다.… 어디로 간들 생의 뿌리를 박지 못하며 어디로 간들 생활의 불평이 있을소냐,… 손쉽게 생활을 영위하고 오로지 하늘만 바라고 뻗어질 수 있는 것이 무엇보다 행복스럽지 않으냐.' 어디서든 뿌리를 내리면 한 곳을 향해 아무 걱정 없이 자라는 나무-그보다 못한 자신을 한탄하는 시인의 마음이 안타깝다.

이제 갈 곳 모르는 자신의 향방을 말 없는 '나무'에게 묻고 별에게 묻는다.

"어디로 가야 하느냐 동이 어디냐 서가 어디냐 남이 어디냐 북이 어디냐 아차! 저 별이 번쩍 흐른다. 별똥 떨어진 데가 내가 갈 곳인가 보다. 하면 별똥아! 꼭 떨어져야 할 곳에 떨어져야 한다."

이 얼마나 애절하고 허무한 독백인가! 시인은 자신의 죽음을 예견하고 있던 것일까! 그 밤에 때마침 흐르는 유성(流星)을 바라보며, 잃어버린 조국에서 방황하는 자신의 모습을 차라리 별에게 점을 치는 것이다.

지난 2월 16일(2014년) 시인의 69주기 추모제에, 청운동에 있는 '윤동주 시인의 언덕'에 올랐다. 봄이 오는 길목에서 쌀쌀한 바람은 옷깃을 파고들지만 그날따라 햇살은 곱고 따스했다. 북한산이 병풍처럼 둘러서 있고 서울 시내가 한눈에 들어오는 산언덕에 시인의 시비(詩碑), 「서시(序詩)」가 바람을 맞고 서 있다.

시인이 연희전문 시절, 언덕배기 아래 누상동에 있는 소설가 김송의 집에서 하숙을 하였으므로, 자주 이 한적한 뒷산에 올라 사색(思索)하고 고뇌하며, 시상(詩想)을 떠올렸으리라. 지금은 잘 다듬어진 공원으로 조성되었지만 그 시절엔 숲이 깊은 바위언덕이었을 것이다. 아마 이 수필도 어느 울적한 날, 언덕 위에서 밤하늘을 바라보며 그의 암담한 심정을 구성하지 않았을까 미루어 짐작해본다.

그렇게도 조국의 광복을 위해 오직 시로써 저항했던 윤동주! 1945년 2월 16일 그가 조국의 광복을 불과 6개월 앞두고 일본 후쿠오카의 감옥에서 생체실험 주사로 억울한 죽음을 맞이했으니 그 원통하고 비통함은 어디에도 비할 수 없다.

'별똥아! 꼭 떨어져야 할 곳에 떨어져야 한다.'고 소원했던 그곳은 어디인가?

그 별은 우리 겨레의 심장에 떨어져 영원히 민족과 함께 숨 쉬고 있는 것이다.

별똥 떨어진 데

윤 동 주

(시인 · 1917~1945)

밤이다.

하늘은 푸르다 못해 농회색(濃灰色)으로 캄캄하나 별들만은 또렷또렷 빛난다. 침침한 어둠뿐만 아니라 오삭오삭 춥다. 이 육중한 기류 가운데 자조(自嘲)하는 한 젊은이가 있다.

그를 나라고 불러두자.

나는 이 어둠에서 배태되고 이 어둠에서 생장하여서 아직도 이 어둠에서 생존하나 보다.

이제 내가 갈 곳이 어딘지 몰라 허우적거리는 것이다. 하기는 나는 세기의 초점인 듯 초췌하다. 얼핏 생각하기에는 내 바닥을 반듯이 받들어 주는 것도 없고 그렇다고 내 머리를 갑박이 내려누르는 아무것도 없는 듯하다마는 내막은 그렇지도 않다. 나는 도무지 자유스럽지 못하다. 다만 나는 없는 듯 있는 하루살이처럼 허공에 부유(浮遊)하는 한 점에 지나지 않는다. 이것이 하루살이처럼 경쾌하다면 마침 다행할 것인데 그렇지를 못하구나!

이 점의 대칭위치에 또 하나 다를 밝음(明)의 초점이 도사리고 있는 듯 생각킨다. 덥석 움키었으면 잡힐 듯도 하다마는 그것을 휘잡기에는 나 자신이 둔질이라는 것보다 오히려 내 마음에 아무런 준비도 배포치 못한 것이 아니냐. 그리고 보니 행복이란 별스런 손님을 불러들이기에도 또 다른 한 가닥 구실을 치르지 않으면 안 될까 보다.

이 밤이 나에게 있어 어릴 적처럼 한낱 공포의 장막인 것은 벌써 흘러간 전설이오, 따라서 이 밤이 향락의 도가니라는 이야기도 나의 염원에선 아직 소화시키지 못할 돌덩이다. 오로지 밤은 나의 도전의 호적(好敵)이면 그만이다.

이것이 생생한 관념세계에만 머무른다면 애석한 일이다. 어둠속에 깜박깜박 조을며 다닥다닥 나란히 한 초가들이 아름다운 시의 화사(華詞)가 될 수 있다는 것은 벌써 지나간 제너레이션의 이야기요, 오늘에 있어서는 다만 말 못하는 비극의 배경이다.

이제 닭이 홰를 치면서 맵짠 울음을 뽑아 밤을 쫓고 어둠을 짓 내몰아 동켠으로 훠언히 새벽이란 새로운 손님을 불러온다 하자. 하나 경망스럽게 그리 반가와 할 것은 없다. 보아라, 가령 새벽이 왔다하더라도 이 마을은 그대로 암담하고 나도 그대로 암담하고 하여서 너나 나나 이 가랑지 길에서 주개주개 아니치 못한 존재들이 아니냐.

나무가 있다.

그는 나의 오랜 이웃이요 벗이다. 그렇다고 그와 내가 성격이나 환경이나 생활이 공통한 데 있어서가 아니다. 말하자면 극단과 극단 사이에도 애정이 관통할 수 있다는 기적적인 교분의 표본에 지나지 못할 것이다.

나는 처음 그를 퍽 불행한 존재로 가소롭게 여겼다. 그의 앞에 설 때 슬퍼지고 측은한 마음이 앞을 가리곤 하였다 마는 돌이켜 생각건대 나무처럼 행복한 생물은 다시없을 듯하다.

굳음에는 이루 비길 데 없는 바위에도 그리 탐탁치는 못할망정 자양분이 있다 하거늘 어디로 간들 생의 뿌리를 박지 못하며 어디로 간들 생활의 불평이 있을소냐. 칙칙하면 솔솔 솔바람이 불어오고, 심심하면 새가 와서 노래를 부르다 가고, 촐촐하면 한 줄기 비가 오고, 밤이면 수많은 별들과 오순도순

이야기 할 수 있고- 보다 나무는 행동의 방향이란 거추장스런 과제에 봉착하지 않고 인위적으로든 우연으로서든 탄생시켜 준 자리를 지켜 무진무궁한 영양소를 흡취하고 영롱한 햇빛을 받아들여 손쉽게 생활을 영위하고 오로지 하늘만 바라고 뻗어질 수 있는 것이 무엇보다 행복스럽지 않으냐.

이 밤도 과제를 풀지 못하여 안타까운 나의 마음에 나무의 마음이 점점 올라오는 듯하고, 활동할 수 있는 자랑을 자랑치 못함에 뼈저리듯 하나 나의 젊은 선배의 웅변에 왈 선배도 믿지 못할 것이라니 그러면 영리한 나무에게 나의 방향을 물어야 할 것인가.

어디로 가야하느냐 동이 어디냐 서가 어디냐 남이 어디냐 북이 어디냐 아차! 저 별이 번쩍 흐른다. 별똥 떨어진 데가 내가 갈 곳인가 보다. 하면 별똥아! 꼭 떨어져야 할 곳에 떨어져야 한다.

송몽규 「숟가락」

시대에 희생된 아까운 청춘

얼마 전 개봉되어 인기를 모았던 영화 「동주」에서 우리는 시인 윤동주 옆에서 더 능동적이고 적극적으로 활동했던 한 열혈청년을 발견할 수 있었다. 그가 바로 독립운동가이며 문단에도 시인 윤동주보다 먼저 등단한 송몽규다. 이미 알려진 대로 그 둘은 고종사촌 관계였고, 1917년 3개월 차이로 태어난 동갑내기로, 어릴 적부터 삶과 문학을 같이 했으며 연희전문 시절 기숙사에서도 한 방을 쓰며 동고동락한 사이였다.

동주는 말수가 적고 내성적인 성격으로, 활발하고 외형적인 몽규를 부러워했다고 한다.

그 후 일본 유학 시절, 그들은 일본 고등경찰에 치안유지법이란 억지 명목으로 체포되어, 후쿠오카 형무소에서 알 수 없는 생체실험 주사를 강제로 맞다가 한 달 사이를 두고 향년 29세로 억울하게 희생된 아까운 조선의 인재들이다. 1945년, 그토록 그리던 조국의 해방을 몇 개월 앞둔 시점이었으니 더욱 원통하고 비통한 일이 아닐 수 없다. 지금 그들은 간도 용정에 나란히 묻혀 있다.

그 후 윤동주는 우리나라를 대표하는 민족시인으로 역사에 길이 빛나는 이름이 되었으나, 그에 비해 송몽규는 아는 사람만 아는 잊힌 이름이 되었다. 이에 그의 작품을 소개함으로써 그를 기리고자 한다.

송몽규의 「술가락」은 그가 18세였던 1935년 1월 동아일보 신춘문에 당선작인 콩트이다. 일제 강점기 조선인의 가난한 생활상을 리얼하게 표현한, 한 부부의 이야기이다.

'술가락'은 함경도 사투리인데 밥 한 술, 두 술의 표현을 빌면, 본디 술가락에서 숟가락으로 변형된 것이 아니었나 생각된다.

쌀이 없어 밥을 굶는다는 것, 요즘 우리 시대 젊은이들에겐 먼 나라 이야기처럼 들릴지 모른다. 그러나 어려서 나도 할머니한테, 쌀이 없어 물로 허기를 채웠다는 말을 수도 없이 들어왔고 내 세대에도 학교에 도시락을 싸오지 못한 아이들이 허다했다.

일제 강점기 시대에는 오죽했으랴!

"우리 부부는 인제는 굶을 도리밖에 없었다. 잡힐 것은 다 잡혀먹고 더 잡힐 것조차 없었다." 이렇게 이 글은 서두에서 바로 본론으로 들어간다. 그만큼 절박한 현실을 나타내고 있다. 집안에 쌀 한 톨 없이 끼니를 굶고 마주 앉아있는 부부의 대화 속에서 그간에 적빈(赤貧)했던 실정을 여실히 드러내고 있다. 굶는 것이 어제 오늘일이 아닌 듯, 잡힐 것은 다 전당포에 잡혔다. 그 당시 물건을 헐값에 잡고 이자까지 받는 전당포가 흥행했던 이유를 알 것 같다.

"아 여보 조흔 수가 생겻소!" 남편이 좋은 수가 있다고 궁리 끝에 내놓은 수는 다름 아닌 아내의 은숟가락이다. 그것은 먼 외국에 망명해 있던 아내의 아버지가 그들이 결혼할 때 예물로 보내 온 것이다. 남편 것은 벌써 여러 달 전에 잡히고 이제 하나 남은 아내의 것 마저…. 아버지는 그들의 결혼을 축하하며 가정을 이루고 살아가면서 앞으로 절대 굶지 말라는 뜻으로 은수저를 보낸다는 편지도 함께 보냈었다.

"굶으면 굶엇지 그것은 못해요." 눈물을 흘리며 반대하는 아내를 "아니 그래 어찌겟소 곧 찾아내오면 그만이 아니오!" 하고 남편은 우는 아내를 달랜다. 그러나 다시 찾아온다는 말은 지킬 수 없다는 사실을 그들은 너무도 잘 안다. 그 말은 스스로에게 위안을 주는 말일 뿐 한 번 잡히면 다시는 찾을 수 없는 것이 그들의 안타까운 형편인 것이다.

쇠붙이란 쇠붙이는 모두 공출해가던 일제치하에서 은수저는 값이 꽤 나갔나 보다. 그것을 전당포에 잡힌 남편은 쌀, 나무, 고기, 반찬거리를 사들고 왔다. 가마솥에서 구수하게 밥이 익어가는 냄새가 위를 자극한다. '김이 뭉게뭉게 피어오르는 밥'을 가운데 놓고 부부가 마주 앉았다. 이제 먹을 일만 남았다. 그러나 이게 웬일인가! 아내는 먹을 생각을 않고 눈물만 흘리고 앉아있다. 순간 남편은 "앗!" 하고 외면한다. 바로 앞에 김이 모락모락 나는 밥이 있으나 정작 그것을 먹어야 할 숟가락이 없는 것이다.

대 반전이다. 요즘 말로 '웃픈 현실'을 송몽규는 이렇게 형상화한 역량 있는 작가였다.

그 시대의 가난한 서민의 실정은 여러 문학작품에도 잘 나타나있다. 원인을 알 수 없는 병에 걸린 아내를 대학병원에 데리고 가면 연구용으로 돈도 주고 병도 고쳐준다는 말을 듣고, 지게에 지고 가면서 먹고 싶어 하는 참외 하나 사주지 못하는 비참한 정경을 그린 김유정의 『땡볕』을 비롯하여 현진건, 백신애 등 그 외의 많은 작가들이 다룬 작품들의 주제는 찌든 '가난'이었다.

독립운동가이며 작가인 송몽규도 이러한 조국의 현실을 간과하지 않고 문학작품으로 승화시켰다.

"고요히 침전된 어둠/ 만지울 듯 무거웁고/ 밤은 바다보다 깊구나."

일제 치하의 어두운 현실을 고발한 그의 시 「밤」의 일부를 옮기며 민족의 어둠을 걷어내려 활약하다 안타깝게 희생된, 그 이름 송몽규를 깊이 애도한다.

작품 감상

숟가락

송몽규

(독립운동가 · 1917~1945)

우리 부부는 인제는 굶을 도리밖에 없엇다.

잡힐 것은 다 잡혀먹고 더 잡힐 것조차 없엇다.

"아, 여보 어디 좀 나가봐요!" 안해는 굶엇것마는 그래도 여자가 특유(特有)한 뾰루퉁한 소리로 고함을 지른다.

"……." 나는 다만 말없이 앉어 잇엇다. 안해는 말없이 앉아 눈만 껌벅이며 한숨만 쉬는 나를 이윽히 바라보더니 말할 나위도 없다는 듯이 얼골을 돌리고 또 눈물을 짜내기 시작한다. 나는 아닌 게 아니라 가슴이 아펏다. 그러나 별 수 없엇다.

둘 사이에는 다시 침묵이 흘럿다.

"아 여보 조흔수가 생겻소!" 얼마동안 말없이 앉아 잇다가 나는 문득 먼저 침묵을 때트렷다. "뭐요? 조흔수가?" 무슨 조흔수란 말에 귀가 띠엿는지 나를 돌아보며 부드러운 목소리로 대답을 한다.

"아니 저 우리 결혼할 때… 그 은숟가락말이요"

"아니 여보 그래 그것마저 잡혀먹자는 말이요!" 내 말이 끝나기도 무섭게

안해는 다시 표독스런 소리로 말하며 또 다시 나를 흘겨본다.

사실 그 술가락을 잡히기도 어려웠다. 우리가 결혼할 때 저- 먼 외국(外國) 가잇는 내 안해의 아버지로부터 선물로 온 것이다.

그리고 그때 그 술가락과 함께 써보냇던 글을 나는 생각하여 보앗다.

"너히들의 결혼을 축하한다. 머리가 히도록 잘 지나기를 바란다. 그리고 나는 이 술가락을 선물로 보낸다. 이것을 보내는 뜻은 너히가 가정을 이룬 뒤에 이술로 쌀죽이라도 떠먹으며 굶지말라는 것이다. 만일 이술에 쌀죽도 띠우지 안흐면 내가 이것을 보내는 뜻은 어글어지고 만다." 대개 이러한 뜻이엇다.

그러나 지금 쌀죽도 먹지 못하고 이 술가락마저 잡혀야만할 나의 신세를 생각할 때 하염없는 눈물이 흐를 뿐이다마는 굶은 나는 그런 것을 생각할 여유없이 "여보 어찌 하겟소 할 수 잇소" 나는 다시 무거운 입을 열고 힘없는 말로 안해를 다시 달래보앗다. 안해의 빰으로 눈물이 굴러 떨어지고 잇다.

"굶으면 굶엇지 그것은 못해요." 안해는 목메인 소리로 말한다.

"아니 그래 어찌겟소 곧 찾어내오면 그만이 아니오!" 나는 다시 안해의 동정을 살피며 부드러운 목소리로 말없이 풀이 죽어 앉어잇다.

이에 힘을 얻은 나는 다시 "여보 갖다 잡히기오 발리 찾어내오면 되지 안겟소."라고 말했다.

"글세 맘대로 해요" 안해는 할 수 없다는 듯이 힘없이 말하나 빰으로 눈물이 더욱더 흘러내려오고 잇다.

사실 우리는 우리의 전재산인 술가락을 잡히기에는 뼈가 아팟다.

그것이 은수저라 해서보다도 우리의 결혼을 심축하면서 멀리 ***로 망명한 안해의 아버지가 남긴 오직 한 예물이엇기 때문이다.

"자 이건 자네 것 이건 자네 안해 것 - 세상없어도 이것을 없애서 안되

네" 이러케 쓰엿던 그 편지의 말이 오히려 지금도 눈에 선하다.

그런 술가락이건만 내것만은 잡힌 지가 벌서 여러 달이다. 술치 뒤에는 축(祝) 자를 좀 크게 쓰고 그 아래는 나와 안해의 이름과 결혼이라고 해서 (楷書)로 똑똑히 쓰여잇다. 나는 그것을 잡혀 쌀, 나무, 고기, 반찬거리를 사들고 집에 돌아왓다.

안해는 말없이 쌀을 받어 밥을 짓기 시작한다. 밥은 가마에서 소리를 내며 끓고 잇다. 구수한 밥내음새가 코를 찌른다. 그럴 때마다 나는 위가 꿈틀거림을 느끼며 춤을 삼켯다. 밥은 다 되엇다. 김이 뭉게뭉게 떠오르는 밥을 가운데 노코 우리 두 부부는 맞우 앉엇다. 밥을 막 먹으려던 안해는 나를 똑바로 쏘아본다.

"자, 먹읍시다." 미안해서 이러케 권해도 안해는 못들은 체 하고는 나를 쏘아본다. 급기야 두 줄기 눈물이 천천이 안해의 볼을 흘러나리엇다. 웨 저러고 잇을고? 생각하던 나는 "앗!" 하고 외면하엿다. 밥 먹는데 무엇보다도 필요한 안해의 술가락이 없음을 그때서야 깨달앗던 까닭이다.

(1935년 1월 동아일보 신춘문예 당선 작)

*원문 그대로임

*술가락: 숟가락의 사투리

슬픈 파도소리

1930년대 우리의 문단은 '상허의 산문, 지용의 운문'이라는 말이 있었다. 이것은 상허를 그만큼 인정한 지용의 말이라고는 하나 객관적으로도 그들이 창작한 아름다운 시어와 감성적인 문체가 오늘날 순수문학의 기조에 많은 영향을 끼쳤음을 부인할 수 없다.

1904년, 상허(尙虛) 이태준 선생은 국운이 기울어진 시대의 격변기에 태어나 나라의 운명만큼이나 질곡과 비극의 가족사로 인해 불우한 어린 시절을 보내야 했다. 그 어려운 시기를 홀로 헤쳐 오며 문단사에 뚜렷한 족적을 남긴 작가가 되기까지 얼마나 지난한 노력을 했을까 미루어 짐작할 수 있다.

소설가이며 수필가인 이태준은 단 한 권의 수필집 『무서록(無序錄)』을 남겼다. 글이 곧 그 사람이며 작품이라는 연관성을 상허만큼 확연히 보여주는 작가도 드물 것이다. 수필은 물론 자기고백임을 말할 것도 없지만 그의 소설들도 거의가 수필적이다. 장편소설인 『사상의 월야』는 자전적 소설이고, 단편소설 「달밤」「복덕방」「돌다리」 등은 이웃의 이야기를 소재로 한, 허구성이 거의 없는 사실적 구성이기 때문이다. 그는 1931년부터 중외일보사 기자활동과 조선 중앙일보 학예부장을 역임하였고 『문장』지를 주관하며 소설과 수필창작에 전념하였다. 1939년에 펴낸 『문장강화』는 조선어의 말살을 획책한 일제강점기 시대에 우리 민족어를 지키기 위한 문장교본으로서 또 하나의 업적으로 꼽을 수 있다.

「고아의 추억」은 스토리가 있는 수필이다. 스토리 수필은 잘 읽히고 감동이 있어 나는 개인적으로 좋아한다. 상허가 차례로 부모를 잃고 어린 삼남매가 고아로 남기까지의 과정을 담담하게 그리고 있다. 아버지가 지병을 치료하기 위해 해삼위(블라디보스톡)로 가서 반년 동안이나 있었으나 병세는 더욱 악화되어, 어느 날 목선을 타고 선부의 등에 업혀 돌아왔다. 어린 상허는 그때가 아버지를 기억하는 첫 순간이었다. 그 후 아버지가 돌아가신 것은 생각나지 않고 어머니가 목쉰 음성으로 인부들을 지휘하시며 아버지의 '산소를 묻던 광경'만이 어렴풋이 기억된다고 했다. 그러나 어머니는 유해를 이역에 묻고서는 편안히 잠들 수 없어 다시 함경북도 이진(梨津) 땅에 이장하였다. 지명에서 의미하듯 그곳은 해변도시라 파도소리가 끊이지 않았다. 철이 없어 가끔씩 눈물을 훔치시는 어머니의 모습에도 무심한 척했으나 어린 그도 온몸으로 슬픔을 감지하고 있었다.

"내 귀가 파도소리를 슬픈 소리로 기억한 것은 이때에 듣던 파도소리였다." 이 한 문장에 그의 마음이 다 녹아들어 있다.

그 후로도 어머니는 또다시 관을 헐고 유해를 손수 추리시어, 강원도 철원 선영으로 모시었다. 이 과정을 거치면서 어머니마저 종내에는 벗을 수 없는 지병으로 누우셨다.

북국의 함박눈이 쏟아지던 밤 어머니마저 숨을 거두시었다. 이때 누이가 열두 살, 상허가 아홉 살, 누이동생이 세 살이었다니 삼 남매는 천하에 의지할 곳 없는 고아가 된 것이다.

이 수필은 24년 후 그가 33살 때 쓴 것으로 추정된다. 어머니의 무덤은 아직도 그 파도소리 나는 바닷가에 놓여있다고 한다. 전설처럼 아득하다고 느끼는 마음에 그 한(恨)이 오죽 깊었으랴!

나에게는 아버지에 대한 기억이 거의 없다. 흐린 실루엣처럼 나타났다 잡으려고 하면 사라지는 안타까이 빛바랜 영상뿐이다. 아버지가 한국전쟁 중에 실종되었을 당시 내가 초등학교에 입학하기도 훨씬 전이었으니 당연한 일인지도 모른다. 어머니는 지극정성으로 나를 키우셨으나, 세월이 갈수록 아버지의 존재는 잊히는 것이 아니라 그 빈자리가 더욱 가슴 시리게 느껴졌다.

"어려서는 … 중략 … 사탕처럼, 비단 옷처럼, 따뜻한 아랫목처럼 아쉬운 부모님이었다. 그러나 지금은 피부에서보다 마음으로 그리워지는 부모님이시다. … 중략 … 오히려 즐거운 때일수록 문득문득 생각나는 그들이시다." 어려서는 생활의 불편에서 부모가 아쉬웠으나 나이 들수록 마음 속 깊이에서 '종교'와 같이 그리워지는 것이 부모님이라는 표현에 깊은 공감이 간다.

나의 경우 어머니마저 가신 지 10여 년, 이제 나이든 고아가 되었다. 아버지는 상허의 표현대로 '먼 전설처럼 아득하나' 어머니는 지금도 가끔 꿈에 찾아와 나를 눈물짓게 하는 그리운 분이시다.

어느 평론가의 말을 빌면 상허는 일찍이 고아가 되어 절박한 삶을 살았지만 "그는 수필가가 될 바탕을 타고났다."라고 했다. 그 바탕이란 '여유' '유머' '관조'와 같은 소질을 말한다.

우리 민족의 비극인 좌, 우 분열과 국토 분단은 한국문단에도 많은 손실을 가져왔다.

1946년 상허가 42세 되던 해에 문학가 대회에 참석하기 위해 북으로 간 후, 오늘날까지 그 행방과 생사를 알 길이 없다. 북한에서도 활동한 기록이 없다.

88년, 월북 작가들의 문학이 해금되어 상허 이태준의 주옥같은 소설과 수필을 다시 읽을 수 있음에 감사한다.

고아의 추억

- 어렴풋한 시절

이 태 준

(소설가 · 수필가 · 1904-?)

해삼위(海蔘威-블라디보스톡)의 해변, 조선 사람들이 꽤 많이 모여 살던 어느 한적한 농촌이었다. 해삼위에 가서 반년동안이나 치료하시던 아버지가 조그만 목선을 타고 돌아오셨다. 번쩍번쩍하는 양복을 입으셨으나 선부(船夫)에게 업혀 상륙하시던 아버지, 단장에 의지하고 혼자 서시자

"이리 온 태준아" 하고 부르시었다. 나는 낯선 손님만 같아서 어머니의 치마폭으로 얼굴을 가리며 돌아섰다.

"자식이 벨을 안 주는 것을 보니 정말 죽으려나 보다!" 하고 아버지는 다시 선부에게 업히시었다.

나는 그때 여섯 살, 그 뒤로 며칠 만인지, 몇 달 만인지 나는 아버지가 돌아가신 것을 본 생각은 나지 않고 어머님이 목쉰 음성으로 여러 인부들을 지휘하시며 아버지의 산소를 묻던 광경만 어렴풋이 기억된다. 그때는 가을인 듯, 역시 철나지 않은 누님은 나를 데리고 개암을 따 먹으려고 없어지곤 하여 어머니는 이따금 우리를 찾으시기에도 바쁘시었다.

어머니는 아버지를 유골이나마 이역에 묻고서는 편안히 누워 보신 저녁이

없으신 듯, 석 달이 못되어 어머니는 풀도 푸르지 못한 아버지의 산소를 헐으셨다. 흙이 좀 묻었을 뿐인 관이 조그만 청어 배에 실고 고향 땅에 들어서 첫 항구를 찾은 것이 배기미, 지금 함경북도 부령 땅인 이진(梨津)이었다.

어머니는 아버지의 관을 모새 땅이나마 내 고향이라고 이곳에 다시 묻으시었다. 그리고 가끔 내 손목을 이끌고 가시어 내가 못 본 체하면 돌아서 눈물을 씻으시곤 하였다. 해변이라 파도소리가 쉬지 않았다. 내 귀가 파도소리를 슬픈 소리로 기억한 것은 이때에 듣던 파도소리였다.

한번 어머니는 나만을 아니라 몇 사람의 일꾼을 데리고 아버지 산소로 데리고 가시더니 또 봉분을 하시었다. 그때는 관 널이 썩어 있었다. ○○얼굴을 돌이키나 어머니는 팔을 걷으시고 손수 뼈를 추리시어 물에 그기까지 하시더니 백지에 싸고 싸고 묶고묶고 하여 그때까지 따라다니던 가복(家僕) 정관이에게 지워 철원 선영으로 보내시었다.

그때의 이진서 철원은 아득한 길이었다. 청진까지 나오면 거기서 원산까지는 화륜선(火輪船)이 있었으나 물길이 미덥지 못하여 육로로만 나가게 하신지라 떠난 지 석 달 뒤에야 선영에 봉안되었다는 기별이 왔었다. 그러나 한 짐을 벗으신 듯한 어머니는 이번엔 벗을 수 없는 병을 지고 누우시었다.

북국의 겨울 함박눈이 쏟아지던 밤이었다. 여러 날 만에 이상하게도 소강(小康)을 얻으시어 이날 저녁때에는 밥을 다 반합이나 잡수시었다. 우둔한 자식들은 병을 놓으시는 줄만 알고 좋아라 하고 밖에 나와 눈 장난에만 팔리고 말았다. 문병을 왔던 할머니들이 급히 부르는 소리에야 뛰어 들어가 보니 어허! 어머니는 그린 듯이 누워계신데 만져 보는 데마다 얼음 같으시었다.

제일 크다는 자식 누이가 열두 살, 내가 아홉 살, 누이동생이 세 살, 이것들이 앞에 있었기로 무엇 했으리오. 감지 못하시는 눈에 더욱 감시만 되었을 것이로되 차츰 철나며 생각하니 한(恨)됨이 큰 것이다.

그 뒤 24년, 꿈이라도 여러 해 전인 것처럼 어렴풋하다.

어머니의 무덤은 아직도 그 파도소리 웅기만 바닷가에 놓여있다.

'그 무덤은 정말 나의 어머니의 것일까?' 이런 의심을 생각하리만치 전설처럼 아득해졌다.

어려서는 부모님이 그립다기보다 아쉽곤 하였다. 옷이 더러워졌을 때, 무엇이 먹고 싶을 때, 그리고 무슨 영일이 돌아올 때는 더욱 못 견디게 아쉬웠다. 사탕처럼, 비단 옷처럼, 따뜻한 아랫목처럼 아쉬운 부모님이었다.

그러나 지금은 피부에서보다 마음으로 그리워지는 부모님이시다. 배고프지 않고 등 춥지 않되 오히려 즐거운 때일수록 문득문득 생각나는 이들이 그들이시다. 어떤 때는 고요한 밤 지는 녘에 종교와 같이 가만히 그리워지는 분들이 그들이시다.

해마다 벼르기는 하지만 올여름에는 꼭 어머니의 산소에 다녀오리라.

1936.1『조광』

*원문 그대로여서 맞춤법이 지금과 틀린 곳이 있고, ○○은 활자가 지워진 부분입니다.

서울에 대한 향수

얼마 전, 한국의 피카소라 일컫는 수화(樹話) 김환기 화백의 판화 미술품이 63억이라는 놀라운 가격으로 한국 미술품 최고 경매가를 갱신하였다는 뉴스가 화제가 되었다. 그는 생전에 작품세계의 지평을 넓히기 위하여 뉴욕 등 파리에서 주로 활동했지만 그의 심연에는 조국의 수도 '서울'에 대한 향수가 깊었을 것이다.

수필 「서울」은 그가 64년 뉴욕으로 건너가기 전, 성북동 고개 너머 마을에 살던 때 쓴 작품으로, 그 당시 서울에 대한 깊은 애정이 잘 드러나 있다. 전후인 1950년대 후반의 폐허가 된 서울에서 '허물어진 성곽의 돌 하나, 고궁의 담 벽에 이르기까지 거기에 깃든 유구한 조선의 역사를 느끼며 소중하게 여기는 예술가로서의 심미안을' 엿볼 수 있다. 그가 쓴 서울의 시대적 배경은 1950~60년대이기에 나에겐 더욱 친밀하다.

지금은 서울 인구의 팽창에 밀려나 수도권 외곽에 살고 있지만,

서울에서 나고 성장한 나는 지금도 그곳에 대한 추억과 그리움이 늘 가슴 저변에 흐르고 있다.

인구 1천만이 넘는 거대한 도시가 아니라, 강남이 개발되기 전, 겨우 3백만을 웃도는 서울은 여유와 여백이 많아서 좋았다. 전차가 도심을 느리게 달리고 자동차도 많지 않아 교통 혼잡도 없던 시절이었다. 자하문밖엔 자두와 능금밭이 펼쳐 있고, 장위동엔 드넓은 오이밭, 강 건너 지금의 압구정 현대아파트 자리는 온통 배밭이었다. 한강 하류 뚝섬엔 푸른 강물 따라 끝없이 이어진 백사장 옆으로 포플러 나무가 줄지어 키를 자랑하던 풍경이 한가로웠다. 가난했지만 소박했던 그때의 정서가 그립다.

"서울이 아름답다는 것은 현대건물이 있어서가 아니요, 거리가 아름다워서가 아니요, 물론 산천이 짜였다는 것만도 아니리라. 여기 고궁과 고원과 고건물이 있기 때문에 서울은 서울로서 풍아(風雅)를 지키는 아름다운 도시가 아닐까."

서울의 성곽과 고궁과 고원은 바로 세월의 흔적이며 조선 왕조 600년의 역사이므로 그것을 빼놓고는 서울이란 그 존재의미를 찾을 수 없을 것이다.

"사람들이 로마에 가고 아테네에 가고, 또한 가고 싶어 하는 것은 의식 무의식 간에 폐허의 미를 보고 싶어서가 아닐까. 하루아침에 로마가 이루어지지 않았다는 것도 거기 폐허의 뭇 신전들을 봄으로 해서 로마의 역사가 실감으로 올 것이 아닌가."

"파리가 뉴욕과 다른 것은 현대적인 화려함이 아니라 궁전을 비롯

한 역사적인 예술의 유물이 있어서이고 세계 제2차 대전 시 프랑스가 독일에 재빨리 항복한 것은 파리를 전화(戰禍)에서 건지고 싶었던 것은 아니었을까" 라고 그는 강조한다. 전쟁에 굴복하면서까지 그들의 문화를 지키고 싶었던 프랑스인의 예술을 사랑하는 정신은 실로 위대하다. 역사와 문화는 그 무엇과도 바꿀 수 없다는 것을 말해주고 있다.

우리의 서울에도 소중한 문화재가 곳곳에 자리 잡고 있다.

"덕수궁, 경복궁, 창경궁, 종묘 그리고 남대문, 동대문, 수표교 그리고 또 이름 없는 민중의 담 벽과 자잘한 대문과 굴뚝까지도 서울을 구성하고 있는 이 모든 것들이 없어져버렸다고 가상이라도 해보라. 그것은 얼마나 허전하고 삭막한 서울이겠는가."

또한 선생은 전란 속에 광화문을 잃었고 보신각 등 귀중한 건물들을 잃기는 하였으나 그래도 상전(桑田)이 벽해(碧海)로까지 되지 않은 것이 다행이라, 전문가들이 돌덩이 하나라도 그것이 역사적 유물일 때는 다치거나 옮기는 일 없이 살려서 아름다운 수도 서울이 될 수 있도록 해주기를 소원하며 "보신각의 신축한 양회기둥만 보면 구토증이 난다"고도 했다.

"아! 그러나 폐허된 종로 뒷골목에 서면 옥물부리, 대모테 안경. 은장도를 쓸고* 있던 돋보기 할아버지들이 보고 싶어진다."

그 옛날 서울, 거리의 가난한 서민들의 모습까지도 그리워하고 있는 것이다. 10년이면 강산도 변한다는데 그로부터 반세기가 넘게 흐른 지금, 종로의 뒷골목은 변화에 변화를 거듭하여 옛날의 모습은 상상할 수도 없다.

얼마 전 종로에 나가니 피맛골도 청진동 풍경도 역사 속으로 사라지고, 그 자리엔 높고 화려한 빌딩들이 어깨를 나란히 줄지어 서 있었다. 언제 이렇게 다 지었나 놀랍기만 하다.

나는 국제적인 거대한 도시로 발전한 서울 도심 한가운데 서서, 현재의 서울이 있기까지 환난과 질곡의 역경을 헤쳐 온, 이 땅에 살다 간, 수많은 민초들의 애환도 함께 생각해보았다.

김환기 선생의 수필 「서울」은 다시 한 번 우리의 위대한 수도 '서울'이 얼마나 소중한 유산인가를 깨닫게 해 준다.

*쓸고: 가볍게 쓰다듬거나 문지르다.

작품 감상

서 울

김환기

(서양화가 · 1913~1974)

조석으로 성북동 고개를 넘어 다니면서 헐리어져 가는 성벽을 아니 볼 수가 없다.

고갯마루에는 왜정 시 세웠던 고적 보전의 성적(城跡)의 석비가 서 있기는 하나 이 석비가 무색할 정도로 성적은 굴러가 주춧돌이 되고 성터에는 구멍가게가 서곤 한다.

폐허 뒤에 오는 것, 마땅히 그러리라고 체념해 버리면 그만이지만 그렇다고 서울 주변을 싸고도는 고성이 없어졌다고 가상해 보자, 얼마나 쓸쓸한 서울일 것인가.

사람들이 로마에 가고 아테네에 가고, 또한 가고 싶어 하는 것은 의식 무의식 간에 폐허의 미(美)를 보고 싶어서가 아닐까. 하루아침에 로마가 이루어지지 않았다는 것도 거기 폐허의 뭇 신전들을 봄으로 해서 로마의 역사가 실감으로 올 것이 아닌가.

폐허의 미는 돌이라는 소재가 더욱 절실하다. 한양 성벽에 어떠한 역사가 서리었든 간에 거기에는 무수한 세월의 때가 묻어 인공으로 이루어진 하나의 자연인 것이다. 10년, 20년으로 이루어질 수 없는 이 위대한 자연이 이제 우리들 손으로 허물어져 가는 것을 보고 어찌 슬퍼하지 않을 것인가. 저 근정전(勤政殿)의 고원(古苑)을 쓰러 엎고 치욕의 총독부를 세울 때 우리의 광화문은 제자리에서 헐리어져 나갔다. 실로 야만에 극한 저 왜인들의 이 처사에 반기를 들고 "아 광화문아" 하고 울었던 사람들은 누구였던가. 그는 같은 왜족인 유종열(柳宗悅)이었다. 근정전의 동편 구석에 가서 간신히 다시 서게 되었던 광화문은 그나마 전란으로 영영 그 자취가 사라지고 말았으니 허망타 못해 말이 안 나온다.

서울이 아름답다는 것은 현대건물이 있어서가 아니요, 거리가 아름다워서가 아니요, 물론 산천이 짜였다는 것만도 아니리라. 여기 고궁과 고원과 고건물이 있기 때문에 서울은 서울로서 풍아(風雅)를 지키는 아름다운 도시가 아닐까. 여행에서 돌아왔을 때 서울역에 내려 택시의 창으로나 전차의 창으로나 또는 걸어서 들어오는 서울의 어귀에 만약 남대문이 보이지 않아 봐라. 허망함을 어디에 비할 것인가.

파리가 뉴욕과는 다른 파리로서의 세계적인 독특한 매력을 끄는 것은 현대적인 화려한 면의 파리만은 아닐 게다. 궁전이라든가 거리의 기념물(역사적인 예술의 유물)들이 있어 그런 것이 아닐까. 파리는 역사적인 유물을 함축하고 있는 현대도시이기 때문이 아닐까. 제2차 대전시 프랑스가 독일한테 재빨리 항복한 것은 파리를 전화(戰禍)에서 건지고 싶었던 것은 아니었을까. 나는 이렇게만 생각된다.

덕수궁, 경복궁, 창경궁, 종묘 그리고 남대문, 동대문, 수표교 그리고 또 이름 없는 민중의 담 벽과 자잘한 대문과 굴뚝까지도 서울을 구성하고 있는 이 모든 것들이 없어져버렸다고 가상이라도 해보자. 그것은 얼마나 허전하고 삭막한 서울이겠는가. 서울은 우리들뿐만이 아니라 외국 사람들도 아름다운 도시라 한다. 간혹 나한테 놀러오는 외국친구가 있다. 그는 먼 거리를 자전차를 타는 법 없이 꼭 걸어서 오곤 한다. 한번은 그 이유를 물었더니 창경원 돌담을 끼고 걸어오는 것이 말할 수 없이 즐겁다는 것이다. 필시 나도 이 성북(城北)에 사는 것은 산성을 바라보고 돌담을 끼고 거닐 수 있는 무용(無用)의 조건을 무시할 수는 없으리라. 한 가지 섭섭한 것은 8·15전만 해도 이 긴 창경원 돌담을 끼고 걷노라면 원내에서 우는 학성(鶴聲)을 들을 수가 있었고 뭇 새의 퍼덕거리는 날개 소리까지 나왔는데 지금은 그런 소리를 들을 수가 없다.

우리들은 전란 속에 광화문을 잃었고 보신각(普信閣: 신축한 양회기둥 보신각만 보면 구토증이 나는 건 웬일일까)을 잃었고 그밖에 많은 귀중한 건물들을 잃기는 했으나 상전(桑田)이 벽해(碧海)로는 되지 않았다.

이제 전문가들로 하여금 수도 서울을 현대 서울로서의 서울로 대 건설하게 한다는 소식에 크게 기대되며 내 자신 그날의 서울 시민이 될 것이 무한히 기다려지는 바나, 들으면 로마나 구라파의 여러 나라에서는 아무리 그것이 혁명적 도시계획일지라도 돌덩이 하나라도 그것이 역사적인 유물일진대 그것을 다치거나 옮겨 놓는 법 없이 어디까지나 살려서 도시를 건설한다 하니 이러한 당연한 일이 우리 당국자, 또는 전문가들 손으로 잘못됨이 없이 일그러진 서울이 아니고 진실로 아름다운 수도, 우리들의 대서울이 건설되기를 나만이 바라는 일은 아닐 것이다.

아! 그러나 폐허된 종로 뒷골목에 서면 옥물부리, 대모테 안경, 은장도를 쓸고 있던 돋보기 할아버지들이 보고 싶어진다.

명태에 얽힌 조선의 정서

"명천(明川) 태가(太哥)가 비로소 잡았대서 왈 명태(明太)요, 본명은 북어北魚요, 혹 입이 험한 사람은 원산元山 말뚝이라고도 칭한다. 수구장신, 피골이 상접, 한 삼 년 벽곡(辟穀 : 곡식 대신 솔잎, 대추, 밤 따위의 날것, 혹은 이것을 조금씩 먹고 사는 생활)이라도 하고 온 친구의 형용이다.

배를 타고 내장을 싹싹 긁어내어 싸리로 목줄띠를 꿰어 쇳소리가 나도록 바싹 말렸다. 눈을 모조리 뺐다. 천하에 이에서 더한 악형惡刑도 있을까. 모름지기 명태 신세는 되지 말 일이다."

이상은 채만식의 수필 「명태」의 도입부분의 일부이다. 이처럼 해학적이고 명쾌하게 명태(북어)의 외형에 대해 정의를 내린 사람이 일찍이 또 있었을까!

또한 그 용도에 대하여는 "굉장히 차리는 잔칫상에도 오르고… 허술한 손님 대접의 밥상에도 오른다. 산 사람이 먹고 산 사람대접만

하는 것이 아니라 경 읽는 경상(經床)에도 명태 세 마리는 반드시 오르고, 초상집에서 문간에다 차려 놓는 사잣밥 상에도 짚신 세 켤레와 더불어 세 마리의 명태가 반드시 오른다.(그런 걸 보면 귀신도 조선귀신은 명태를 좋아하는 모양이야!)…. 상갓집에 경촉(經燭)에다 명태 한 쾌 얼러 부조하기도 하고, 섣달 세밑에 듬씬 세찬을 가지고 들어온 소작인에게다 명태 한 쾌씩 들려주어 보내는 후덕한 지주도 더러 있다. 명태란 그러고 보니 요샛날 케이크 한 상자, 과실 한 꾸러미 이상으로 이용이 편리한 물건이었던가 보다."

이처럼 세인들이 지나치고 무심했던 명태에 관한 생활상을 작가는 한 편의 수필로 남겼다. 1943년의 수필이니 반세기 훨씬 전의 세태이나 지금의 정서와도 별 무리가 없다. 다만 한 가지 석연치 않은 것은 그 시대에는 명태와 북어(말린 명태)의 이름을 같은 개념으로 사용했었나 하는 점이다.

조리법을 표현한 부분에서는 절로 고개가 끄덕여지며 그 자상함에 저절로 웃음이 나온다.

"망치로 두드려 죽죽 찢어서 고추장이나 간장에 찍어, 막걸리 안주로는 덮을 게 없는 것이 명태다. 쪼개서 물에 불렸다 달걀을 씌워 제사상에 괴어 놓는 건 전라도 풍속, 서울서는 선술집에서 흔히 보는바, 찜 이상 가는 명태요리일 것이다. 잘게 펴서 기름장에 무쳐 놓으면 명태 자반이요, 굵게 찢어서 달걀 풀고 국 끓이면 술국으로 일미다."

역시 채만식(1902~1950)이다. 저 유명한 『탁류(濁流)』 『레드메이드 인생』『태평천하』를 발표한 선생은 일제 강점기, 그 암울한 시기에 풍자와 해학과 패러독스(paradox)로 사회비리와 교육문제를 비판한 소설을 즐겨 썼다. 그러나 일제말기 「아름다운 새벽」「여인전기」 등 친일적 성향의 소설을 발표하여 친일작가라는 오명을 얻기도 했다. 나중 「민족의 죄인」이라는 소설에서 자신의 친일행위를 고백함으로 과오를 속죄하려했던 양심이 엿보인다.

『탁류』를 읽은 지 오래 전 일이나, 비극적인 내용임에도 그 밑에 흐르는 풍류적 정서가 놀라웠고 특히 여주인공 '초봉'이를 묘사함에 어찌 그리 여인의 심리를 세밀히 꿰뚫을 수 있는지 그 문재(文才)가 가히 천부적이라고 감탄했던 기억이 새롭다.

많은 문인들이 빈한한 살림에 원고지 한 장 마음 놓고 쓸 수 없었던 시대에, 폐결핵이라는 병마에 시달리다 약도 제대로 못쓰고 아까운 재능을 다 펼치지 못한 채 요절함이 못내 안타깝다.

"내가 죽거든 들꽃을 가득 덮은 후 활활 태워주오."라고 한 그의 마지막 유언이 더욱 가슴을 아프게 한다.

수필 「명태」의 결말에서는 전반부에서 독자들을 미소 짓게 하며 유머러스하게 전개해 나가던 이야기를 일시에 반전시킨다.

"끝으로 군소리를 한다. 사십 년 전인지 오십 년 전인지 북미로 이민 간 조선사람 두 사람이 하루는 어디선지 어떻게 하다가 명태 세 마리가 생겼더란다. 오래 그리던 고토(故土)의 미각인지라 항용 생각기에는 세 마리의 명태를 천하 없는 귀한 음식인 듯이 보는 그 당장 먹어 치었으려니 하겠지만, 부(否)! 두 사람은 그를 놓고 앉아

보기만 하더라고. "

위와 같이 긴 설명이 없어도 독자는 그 행간에서 많은 것을 상상하며 유추할 수 있다. 결국 작가가 하고 싶은 말은 마지막 결말 부분인 것이다.

명태 한 마리에 얽힌 조선의 정서와 고단한 그 시대를 살아간 선조들의 애환이 오래도록 남는 명수필이다.

명 태

채 만 식
(소설가 · 1902-1950)

근일 품귀로, 이하 한갓 전설에 불과한 허물은 필자가 질 바 아니다.

명천(明川) 태가(太哥)가 비로서 잡았대서 왈 명태요, 본명은 북어요, 입이 험한 사람은 원산말뚝이라고도 칭한다.

수구장신(瘦軀長身) 피골이 상접, 한 삼 년 벽곡이라도 하고 온 친구의 형용이다.

배를 타고 내장을 싹싹 긁어내어 싸리로 목줄띠를 꿰어 쇳소리가 나도록 바짝 말랐다. 눈을 모조리 뺐다. 천하에 이에서 더한 악형도 있을까. 모름지기 명태 신세는 되지 말 일이다.

조선 십삼 도 방방곡곡 명태 없는 곳이 없다. 아무리 궁벽한 산골이라도 구멍가게를 들여다보면 팔다 남은 한두 쾌는 하다못해 몇 마리라도 퀴퀴한 먼지와 더불어 한구석에 놓여 있다. 써 조선땅 백성이 얼마나 명태를 흔케 먹는지 미루어 알리라. 참으로 조선 사람의 식탁에 오르는 것으로 명색이 어육이라 이름하는 것 가운데 명태만큼 만만한 것도 별반 없을 것이다. 굉장히 차리는 잔칫상에도 오르고,

"쯧 고기는 해 무얼 하나! 그 명태나 한 마리 사다가…."

하는 쯤의 허술한 손님 대접의 밥상에도 오른다.

산 사람이 먹고 산 사람대접만 하는 것이 아니라 경 읽는 경상에도 명태 세 마리는 반드시 오르고, 초상집에서 문간에다 차려 놓는 사잣밥상에도 짚신 세 켤레와 더불어 세 마리의 명태가 반드시 오른다(그런 걸 보면 귀신도 조선 귀신은 명태를 좋아하는 모양이야!).

어린 아들놈 처가 세배 보내면서 떡이야, 고기야, 장만하기 번폐스러우면 명태나 한 쾌 사다 괴나리봇짐 해 지워 보내기도 하고, 바깥양반이 출입했다 불시로 돌아온 저녁 밥상에, 시아버님 제사 때 쓰려고 벽장 속에 매달아 두었던 명태 두 마리를 아낌없이 꺼내다가 국 끓이는 아낙도 종종 있다.

상갓집에 경촉(經燭)에다 명태 한 쾌 얼러 부조하기도 하고, 섣달 세밑에 듬씬 세찬을 가지고 들어온 소작인에게다 명태 한 쾌씩 들려주어 보내는 후덕한 지주도 더러 있다. 명태란 그러고 보니 요샛날 케이크 한 상자, 과실 한 꾸러미 이상으로 이용이 편리한 물건이었던가 보다.

망치로 두드려 죽죽 찢어서 고추장이나 간장에 찍어, 막걸리 안주로는 덮을 게 없는 것이 명태다. 쪼개서 물에 불렸다 달걀을 씌워 제사상에 괴어 놓는 건 전라도 풍속, 서울서는 선술집에서 흔히 보는 바 찜이 상가는 명태 요리일 것이다.

잘게 펴서 기름장에 무쳐 놓으면 명태 자반이요, 굵게 찢어서 달걀 풀고 국 끓이면 술국으로 일미다.

끝으로 군소리한다.

사십 년 전인지 오십 년 전인지 북미로 이민 간 조선사람 두 사람이 하루는 어디선지 어떻게 하다가 명태 세 마리가 생겼더란다. 오래 그리던 고토의 미각인지라 항용 생각기에는 세 마리의 명태를 천하 없는 귀한 음식인 듯이 보는 그 당장 먹어 치웠으려니 하겠지만, 否! 두 사람은 그를 놓고 앉아 보기만 하더라고.

한국 여성문학의 선구자

바야흐로 봄이다.

아직은 겨울이 물러나기가 아쉬운지 꽃샘바람이 훼방을 놓고 있지만 해토머리(해빙기)의 대지 위에 쏟아지는 햇살은 눈부시다. 겨우내 웅크리고 있던 굳은 땅은 해면(海綿)처럼 부드러워지고, 코끝을 스치는 흙냄새가 싫지 않다. 어느 시인의 말처럼 저 살진 흙길을 맨발로 진종일 걷고 싶은 충동이 인다.

눈을 들어 먼 산을 바라보면 앙상했던 나뭇가지에 새순을 틔우느라 온 산야가 어느새 푸르스레한 생명의 빛이 감돌고 있음을 느낄 수 있다.

"4월은 부활의 달이다. 자유가 꽃잎술을 내미는 매혹의 아침이요, 수줍은 꿈이 터지는 젊음의 아침이다." 이렇게 시작되는 모윤숙의 수필 「4월의 본능」은 강한 희망과 생명의 메시지를 전한다. 시인의 감성으로 쓴 봄의 찬미는 지극히 함축적이며 정열적이다.

여성으로서 자연을 바라보는 섬세한 감각과 잘 다듬어진 간결체로 쓰인 이 짧은 수필에서 나는 역동적인 인상과 감동을 받았다.

60년대 중학생 시절, 그의 많은 작품 중에서 특히 장편 서사시 「렌의 애가(哀歌)」는 작가 모윤숙이란 이름과 함께 많은 사춘기 문학소녀들의 로망으로 자리 잡았다.

해방 후의 혼란 속에서 한국의 여성작가로 문학은 물론 한일회담, UN대표, 정계 등 각 분야에서 폭넓은 활동을 한 그녀의 영향력은 대단했다. 무엇보다도 문학 분야의 공적은 국제펜클럽 한국본부를 창설하여 한국문단을 세계무대에 진출시켰으며, 여성문화의 발굴과 창조에 여성으로서의 역할을 강조했을 뿐만 아니라 『문예』지의 창간을 꼽을 수 있다.

그러나 그 바쁜 활동 중에도 그녀는 언제나 작가로서의 굳건한 위치를 지키고 있었다. 그러기에 시집 『빛나는 지역』, 산문집 『렌의 애가』, 수필집 『구름의 연가』, 『회상의 창가에서』 『포도원』 등 많은 작품을 쓰기에 게을리 하지 않았다.

수필은 생활의 문학이어야 하기에 다양한 활동에서 얻은 풍부한 소재와 경험은 타고난 문재적(文才的) 능력과 함께 수필쓰기의 큰 자산이 되었던 것이다.

"차고 어두운 흙을 뚫고 나오는 이 아름다움들은 본능 그대로 제 몸짓과 제 향기를 그대로 내뿜는다. 냉이, 쑥, 민들레로부터 진달래, 모란에 이르기까지 저대로의 생김과 생존을 발휘한다." 자연은 봄이 되면 각종 작은 나물부터 화려한 꽃들에 이르기까지 있는 그대로의 본성대로 자신을 나타내나, 무릇 여성들은 간혹 타고난 천성적인 품위나 성격을 화장이나 돈이나 호사로 꾸미려하여 그 본래의 아름다움과 소박함을 오히려 해치는 수가 있다고 말한다.

"이는 저 언덕에 파릇거리는 풀잎의 자랑스러운 의욕보다도 훨씬 나약한 저자세의 태도라 아니할 수 없다." 봄 언덕을 연두색으로 물들이는 작은 풀꽃, 만상의 초목과 꽃들이 그 본능대로 '생존의 의욕'을 내뿜는 것에 비하여, 자신을 인위적으로 과시하거나 치장하려고 하는 인간은 얼마나 나약한 존재인가를 지적하는 구절이다.

"4월은 화려한 신부처럼 이 지상을 서서히 미소로 물들이고 있다."
"여성은 봄의 화신"

이와 같이 작가는 만물이 잉태되는 봄을 여성에 비유함으로 사회나 가정에서의 여성의 역할을 강조함은 물론 또한 "여성은 아내요 어머니로서의 거침없는 대 우주의 모태(母胎)이며 생명을 창조하는 위대한 존재임을 알려준다. 그 당시만 해도 여성의 지위가 남성 뒤에 가려져 있고 제 목소리를 내지 못하던 시절이라, 많은 독자에게 여성의 위대함을 글로 계몽하고 있는 것이다.

잉태하고 싹을 틔우고 꽃을 피우는 「4월의 본능」은 결국 여성의 본능과 같다는 것이, 이 수필에서 말하고 싶은 주제이다.

> 4월을 보라!/ 4월을 마시라!/ 4월을 가슴에 껴안으라!/ 그리고 4월을 잉태하고 해산하자!

이렇게 강하게 외치는 메시지를 담은 수필 한 편이 희망차게 새봄을 맞이할 수 있는 활력을 우리에게 전해주지 않는가!

작품 감상

4월의 본능

모 윤 숙
(시인 · 1909~1990)

4월은 부활의 달이다. 자유가 꽃잎술을 내미는 매혹의 아침이요, 수줍은 꿈이 터지는 젊음의 아침이다. 천만 풀이 머리를 들고 만개(滿開)의 꽃 뿌리가 물을 채워 생명의 개가를 부른다. 4월은 인생의 아가씨요, 신의 피리로 이루어지는 사랑의 서국이다.

4월의 언덕은 연두색으로 물들어 오고 있다. 잘났거나 못났거나 만상의 초목과 꽃은 제 생김대로 숨을 쉬고 생존의 의욕을 내뿜으며 검은 땅에서 소생하고 있다. 그들은 똑같이 살고 싶은 생존욕에 제대로의 모습과 성격과 향기를 소유한 채 지상에 그 발걸음을 옮기고 있다.

4월은 화려한 신부처럼 이 지상을 서서히 미소로 물들이고 있다. 지나간 추위와 죽음 같던 겨울을 완전히 망각하고 저대로의 기꺼운 얼굴을 나타내며 온 세상을 행복의 둘레 속에 몰아넣는다.

인간은 오늘보다 어제의 습성이나 불행에 빠져, 앞에 오는 웃음과 행복마저 받아들이지 못하는 약자가 되는 수가 있다. 여성은 봄의 화신이라고 한다. 그 말은 행복과 꿈과 매혹의 매개체가 된다는 의미도 있다. 여성의 충일한 생명욕, 어여쁨, 자애의 본성, 연하고 부드러운 성품의 본능들은 4월의 본능과 일치하고 있다고 본다. 정다운 미풍이 숨어 내리는 골짜기, 거기 은빛으로 흐르는 음악의 물소리들이 모두 여성의 본능과 합치되는 바 많다.

차고 어두운 흙을 뚫고 나오는 이 아름다움들은 본능 그대로 제 몸짓과 제 향기를 그대로 내뿜는다. 냉이, 쑥, 민들레들로부터 진달래, 모란에 이르기까지 저대로의 생김과 생존을 발휘한다.

간혹 우리 여성들은 천성적인 품위나 성격을 화장이나 돈이나 호사로 그 본성을 어둡게 하는 수가 있다. 또 그 본래의 아름다움과 소박성을 인공적인 미로 대치하려는 그릇된 관념에서 그 일생을 어둠으로 매몰시키는 경우가 많다. 이는 저 언덕에서 파릇거리는 풀잎의 자랑스러운 의욕보다도 훨씬 나약한 저자세의 태도라 아니할 수 없다.

여성은 아내요, 어머니로서의 거침없는 대 우주의 모태이기도 하다. 그 모태는 따뜻한 생명을 창조하고 해산하는 기본이기도 하다.

4월을 보라!

4월을 마시라!

4월을 가슴에 껴안으라!

그리고 4월을 잉태하고 해산하자!

고고한 선비의 수필

한국 근대 수필사에서 『근원수필』의 저자 김용준을 빼놓을 수 없다. 천재적인 실력으로 화가. 미술평론가로 활동한 격조 높은 안목은 수필에도 그대로 반영되어, 사물에 대한 예술적 관조가 예사롭지 않음을 알 수 있다. 누구든 근원의 수필 「매화」를 읽고 나면 마음이 정결해지고 옷깃을 여미게 될 것이라고 느끼는 것은 나만의 생각일까.

예부터 매화는 많은 시인묵객이 즐겨 다루는 작품의 소재가 되어 왔다. 봄이 오기 전, 눈 속에 제일 먼저 피어, 빙설 사이로 얼굴을 내미는 고아한 자태는 물론, 그윽한 매향은 시인 화가가 아니더라도 그 고고함에 매혹될 수밖에 없다.

그러기에 근원은 "백화가 없는 빙설리(氷雪裏)에서 홀로 소리쳐 피는 꽃이 매화밖에 어디 있느냐"고 반문한다.

"댁에 매화가 구름같이 피었더군요." 서두부터가 직설적이고 황홀하다. "어쩌면 그렇게도 소담스런 희멀건 꽃송이들이 소복한 부인네처럼 그렇게도 고요하게 필 수가 있습니까." 구름같이 만개한 매화의 절경이 눈앞에 그림같이 펼쳐지는 문장이다.

"매화를 말할 때 으레 암향(暗香)과 달과 황혼을 들더군요. 십리나 되는 비탈길을 얼음 빙판에 코방아를 찧어가면서 황혼녘에 찾아간 것도 실은 달과 함께 보려함이었다." 한 것도 매화를 얼마나 섬세하게 완상하기 위한 선비의 마음인가 느껴지며, 그 정경이 한 폭의 동양화를 연상하게 된다.

"연래로 나는 하고많은 화초를 심었습니다. 봄에 진달래와 철쭉을 길렀고, 여름에 월계와 목련과 핏빛처럼 곱게 피는 다알리아며, 가을엔 울 밑에 국화도 심어 보았고, 겨울이면 내 안두案頭(책상머리)에 물결 같은 난초와 색시 같은 수선이며, 단아한 선비처럼 매화분을 놓고 살아온 사람입니다. 철따라 어느 꽃 어느 풀이 아름답고 곱지 않은 것이 있으리요마는…… 내 기억에서 종시 사라지지 않는 꽃 매화만이 유령처럼 내 신변을 휩싸고 떠날 줄을 모르는구려." 이렇듯 매화에 대한 사랑이 아무런 조건 없이 그저 마음이 황홀하여지는 데야 어찌하느냐는 글에서는 그의 매화에 대한 지극한 애정이 와 닿는다.

또한 매화를 대할 때의 경건해지는 마음이 위대한 예술을 감상할 때의 심경과 다를 바 없다고 말하며 그 감상을 이렇게 전한다.

'희랍의 유명한 조각가 피디어스의 대리석상이 떠오르는가 하면 운강과 용문의 거대한 석불들이 황홀하게 나타나기도 하며, 신라의 석불이 그 부드러운 곡선을 공중에 그리며 눈을 현황하게 하더니, 다시 희멀건 조선의 백사기를 보는 듯하다.'고 했으니 매화에 대한 이

만한 찬사는 누구도 따를 수 없을 것이다.

한 편의 수필 「매화」를 쓰기 위해서 이렇듯 곡진(曲盡)하게 매화에 심취하고 분석하는 자세야말로 우리 수필작가들이 반성하고 배워야 할 덕목이라 생각한다.

결말에 이렇게 아름다운 매화를 감상할 여유조차 없이 분주하게 돌아가는 친구의 냉정한 마음을 지적했다. 그 시대에도 그랬으니 하물며 더 바빠진 현대인들은 말해 무엇하랴.

근원은 한때 성북동 노시산방(老柹山房)에 머물며 작품 활동을 했다. 어느 날 상허 이태준이 늙은 감나무가 있는 집이라 하여 노시산방이란 당호를 지어주었고, 후에 이 집을 화가 김환기와 수필가 김향안 부부에게 넘겨주었다는 가난했던 예술가들의 일화는 유명하다. 지금도 그 자리에 늙은 감나무 두 그루가 남겨져 있다고 하니 어디쯤인지 찾아가 보고 싶은 마음마저 든다. 많은 문인, 예술가들의 숨결이 깃든 성북동은 나에게도 짙은 향수가 남아있는 곳이다.

지금은 마치 성곽 같은 외국대사관저와 재벌들의 집들이 들어서서 서울의 부촌으로 손꼽히지만 예전에는 과수원과 채마밭이 푸르게 펼쳐진 도심 속의 시골마을 같은 곳이었다. 나 어릴 적에 성북동 골짜기 산 밑에 외증조할머니가 살고 계셔서 자주 심부름을 다녔고 방학 중에는 며칠씩 머물기도 했다. 그 시절 노할머니 집 앞으로는 매끄러운 차돌바위 사이로 시리도록 차가운 개울물이 흐르고 양옆으로는 가지를 멋들어지게 늘어뜨린 수백 년 된 노송이 마을을 굽어보고 있었다. 지척에 펼쳐진 솔밭에서는 산까치가 깍깍거리고 이따금 숲 속에선 산꿩이 푸드득 날아올라 놀라기도 했다. 이런 소박한 자연 속에서 선비풍의 외모와 성향을 지닌 근원이 글과 그림을 창작하며 명작들을 남겼고, 그 외에도 여러 작가들의 흔적을 품고 있는 이곳에만 오면, 시절과 함께 흘러간 인재들이 그리워진다.

근원을 생각하면 슬프고 안타까운 사연이 있다. 오래 전 어느 날 아침 조간신문을 보다 월북한 작가 김용준이 김일성 사진이 실린 신문을 무심코 현관 앞에 버렸다가 불경죄로 걸려 사실상 강요당한 자살로 숨졌다는 충격적인 기사를 보았다. 설마하며 믿지 못하다가 후에 근원임이 확실한 것임을 알고 또 한 번 분단의 아픔을 뼈저리게 느낀다.

광개토대왕비와 고구려 고분벽화에서부터 화가 김홍도 장승업에 이르기까지 그의 해박한 지식을 바탕으로 연구서와 평론은 물론 명수필을 다수 남긴 그의 업적을 과소평가 할 수 없다. 수필 「매화」를 읽고 그가 수묵화로 남긴 매화도를 찾아보니 글과 함께 더욱 깊은 여운이 남는다.

바야흐로 매화의 계절이다. 창밖엔 백설이 어지럽게 공중에 흩날리고 있다.

문득 옛시조 한 수가 떠올라 매화를 지극히 사랑한 근원을 그리며 홀로 읊조려 본다.

매화 옛 등걸에 봄이 돌아오니
옛 피던 가지에 피염즉도 하다마는
춘설이 난분분하니 필동말동 하여라

작품 감상

매 화

김 용 준

(화가 · 수필가 · 1904~1967)

댁에 매화가 구름같이 피었더군요. 가난한 살림도 때로는 운치가 있는 것입니다. 그 수목 빛깔로 퇴색해 버린 장지 도배에 스며드는 묵흔(墨魂)처럼 어렴풋이 한두 개씩 살이 나타나는 완자창 위로 어쩌면 그렇게도 소담스런 희멀건 꽃송이들이 소복한 부인네처럼 그렇게도 고요하게 필 수가 있습니까.

실례의 말씀이오나 "하도 오래간만에 우리 저녁이나 같이 하자."고 청하신 선생의 말씀에 서슴지 않고 응한 것도 실은 선생을 대한다는 기쁨보다는 댁에 매화가 성개(盛開)하였다는 소식을 들은 때문이요, 십 리나 되는 비탈길을 얼음 빙판에 코방아를 찧어가면서 그 초라한 선생의 서재를 황혼녘에 찾아간 이유도 댁의 매화를 달과 함께 보려함이었습니다. 매화에 달이야기가 났으니 말이지만 흔히 세상에서 매화를 말할 때 으레 암향과 달과 황혼을 들더군요. 선생의 서재를 황혼에 달과 함께 찾았다는 나도 속물이거니와 너무나 유명한 임포의 시가 때로는 매화를 좀 더 신선하게 사랑하고 싶은 사람에게는 한 방해물이 되기도 하는 것입니다. 화초를 완상(玩賞)하는 데도 매너리즘이 필요한 까닭이 있나요.

댁에 매화가 구름같이 자못 성관으로 피어 있는 그 앞에 토끼처럼 경이의 눈으로 쪼그리고 앉은 나에게 두보의 시구나 혹은 화정의 고사가 매화의 품위를 능히 좌우할 여유가 있겠습니까.

하고많은 화초 중에 하필 매화만이 좋으란 법이 어디 있나요. 정이 든다는 데는 아무런 조건이 필요하지 않은가 봅니다.

계모 밑에 자란 자식은 배불리 먹어도 살이 찌는 법이 없고, 남자가 심은 난초는 자라기는 하되 꽃다움이 없다는군요.

대개 정이 통하지 않은 소이라 합니다.

연래로 나는 하고많은 화초를 심었습니다. 봄에 진달래와 철쭉을 길렀고, 여름에 월계와 목련과 핏빛처럼 곱게 피는 다알리아며, 가을엔 울 밑에 국화도 심어 보았고, 겨울이면 내 안두(案頭)에 물결 같은 난초와 색시 같은 수선이며, 단아한 선비처럼 매화분을 놓고 살아온 사람입니다. 철따라 어느 꽃 어느 풀이 아름답고 곱지 않은 것이 있으리요마는 한 해 두 해 지나는 동안 내 머리에서 모든 꽃이 다 사라져 버렸습니다. 그러나 오히려 내 기억에서 종시 사라지지 않는 꽃 매화만이 유령처럼 내 신변을 휩싸고 떠날 줄을 모르는구려.

매화의 아름다움이 어디 있나뇨?

세인이 말하기를 매화는 늙어야 한다 합니다. 그 늙은 등걸이 용의 몸뚱어리처럼 뒤틀려 올라간 곳에 성긴 가지가 군데군데 뻗고 그 위에 띄엄띄엄 몇 개씩 꽃이 피는 데 품위가 있다 합니다.

매화는 어느 꽃보다 유덕한 그 암향이 좋다 합니다.

백화가 없는 빙설리(氷雪裏)에서 홀로 소리쳐 피는 꽃이 매화밖에 어디 있느냐 합니다.

혹은 이러한 조건들이 매화를 아름답게 꾸미는 점일지도 모르겠습니다.

그러나 내가 매화를 사랑하는 마음은 실로 이러한 많은 주관이 멸시된 곳에 있습니다.

그를 대하매 아무런 조건 없이 내 마음이 황홀하여지는 데야 어찌하리까. 매화는 그 둥치를 꾸미지 않아도 좋습니다. 제 자라고 싶은 대로 우뚝 뻗어서 제 피고 싶은 대로 피어오르는 꽃들이 가다가 훌쩍 향기를 보내기도 하고, 또 어느 때는 제가 방 한 구석에 있는 체도 않고 은사(隱士)처럼 겸허하게 앉아 있는 폼이 그럴듯합니다.

나는 구름같이 핀 매화 앞에 단정히 앉아 행여나 풍겨 오는 암향을 다칠세라 호흡도 가다듬어 쉬면서 격동하는 심장을 가라앉히기에 힘을 씁니다. 그는 앉은 자리에서 나에게 곧 무슨 이야긴지 속삭이는 것 같습니다.

매화를 대할 때의 이 경건해지는 마음이 위대한 예술을 감상할 때의 심경과 무엇이 다르겠습니까. 내 눈앞에 한 개의 대리석상이 떠오릅니다. 희랍에서도 유명한 피디어스의 작품인가 보아요. 다음에 운강(雲岡)과 용문(龍門)의 거대한 석불들이 아름다운 모든 조건을 구비하고서 내 눈앞에 황홀하게 나타납니다.

그러나 수유(須臾)에 이 여러 환영들은 사라지고 신라의 석불이 그 부드러운 곡선을 공중에 그리면서 아무런 조건도 없이 눈물겹도록 아름다운 자세로 내 눈을 현황하게 합니다.

그러다가 나는 다시 희멀건 이씨 조의 백사기를 봅니다. 희미한 보름달처럼 아름답게 조금도 그의 존재를 자랑함이 없이 의젓이 제자리에 앉아 있습니다. 그 수줍어하는 품이 소리쳐 불러도 대답할 줄 모를 것 같구려. 고동(古銅)의 빛이 제아무리 곱다 한들, 용천요(龍泉窯)의 품이 제아무리 높다 한들 이렇게도 적막한 아름다움을 지닐 수 있겠습니까.

댁에 매화가 구름같이 핀 그 앞에서 나의 환상은 한없이 전개됩니다. 그러다가 다음 순간 나는 매화와 석불과 백사기의 존재를 모조리 잊어버립니다. 그리고 잔잔한 물결처럼 내 마음은 다시 고요해집니다. 있는 듯 만 듯한 매화 향기가 내 코를 스치는구려. 내 옆에 선생이 막 책장을 넘기시는 줄을 어찌 알았으리요.

요즈음은 턱없이 분주한 세상이올시다. 기실 내남 할 것 없이 몸보다는 마음이 더 분주한 세상이올시다. 바로 일전이었던가요. 어느 친구와 대좌하였을 때 내가 "×선생 댁에 매화가 피었다니 구경이나 갈까?" 하였더니 내 말이 맺기도 전에 그는 "자네도 꽤 한가로운 사람일세." 하고 조소를 하는 것이 아닙니까.

나는 먼 산만 바라보았습니다.

어찌어찌하다가 우리는 이다지도 바빠졌는가. 물에 빠져 금시에 죽어 가는 사람을 보고 "그 친구 인사나 한 자였다면 건져 주었을 걸." 하는 영국풍의 침착성을 못 가졌다 치더라도 이 커피는 맛이 좋으니 언짢으니, 이 그림은 잘 되었으니 못 되었으니 하는 터수에 빙설을 누경(屢經)하여 지루하게 피어난 애련한 매화를 완상할 여유조차 없는 이다지도 냉회(冷灰)같이 식어 버린 우리네의 마음이리까?

– 정해(丁亥) 입춘에 ×선생댁의 노매(老梅)를 보다

마해송 「화초 없는 정원」

전후의 어려운 시절에 꿈을 심어준 작가

마해송! 그리운 이름이다. 그러나 한동안 잊고 있던 이름이다.

폭염이 맹위를 떨치던 지난여름 대형서점으로 피서(?)를 간 나는 마해송 선생의 수필집 『아름다운 새벽』을 발견하고는 그 책과 함께 그곳에서 어둑해질 때까지 하루를 보냈다. 선생은 아동문학가로 명성이 나 있지만 반면 수필가로도 그에 못지않은 왕성한 활동을 하였다. 그 결과 『해송 동화집』 『모래알 고금』 『떡배 단배』 등 많은 동화집은 물론 『요설록(饒舌錄)』 『편편상(片片想)』 『아름다운 새벽』 『오후의 좌석』 등 다수의 수필집을 내놓았다. 우선 아동문학에서 그의 공로를 빼놓을 수 없다. 전래동화 수준에 머물렀던 것에서 창작동화를 개척하였고 어린이 인권 등, 어린이 정서에 지대한 영향을 끼쳤다. 어려서 동화책이 귀하던 시절 한 반에서 한두 권씩 그의 동화를 돌려가며 읽었고, 특히 6·25 전쟁 후 가난한 사회상을 배경으로 한 『모래알 고금』은 몇 명씩 둘러앉아 어깨너머로 읽으며 꿈을 키웠던 기억이 새롭다. 1960년대 초 언론인, 편집인, 색동회 동인으로 활약하였던 그는 올곧은 선비 정신을 지킨 작가였다.

그의 수필에는 지금은 사라진 1920~30년대의 무속과 그 시대 사람들의 생활상이 자세히 그려져 있음으로 당시의 풍습을 이해하는 데 큰 도움을 준다.

「화초 없는 정원」에서는 그의 고향인 개성사람들의 풍습이 잘 나타나 있는데 이를테면 "개성의 집은 초가삼간 오막살이 콧구멍만한 좁은 마당이라도 그 마당에 화계석(花階石)이 있다.……삼 층짜리 꽃분 놓는 돌 평상이다. 넓은 집 부잣집이면 안채에도 있고 사랑채에도 있고 사랑채에만도 두서너 군데 있기도 한 것이다." 꽃을 사랑하고 가꾸는 그 지방 사람들의 삶이 따뜻하게 다가온다.

선생의 수필문장은 간결하고 진솔하기로 정평이 나 있다. 박두진 시인은 그의 작품 평에서 "아무런 과장과 수식이 없는 간명 직재(直裁)한 세련된 필치…… 어디까지나 리얼하고 평이하고 단편적이면서도 풍부한 함축성과 예리한 비판과 풍자미를 가지고 있다."고 하였고, 박화목 작가는 "그의 글은 맑은 여울과 같은 느낌, 일상에서 제재를 택하며 소박한 인생과 생활주변의 이야기를 묘사하여 삶의 의미를 느끼게 한다."고 하였다.

「화초 없는 정원」은 선생이 한 일간지로부터 '나와 정원'이라는 제목의 수필을 써달라는 원고청탁을 받고, 제대로 된 정원이 없는 자신의 집의 풍경을 있는 그대로 솔직하고 담백하게 쓴 수필이나, 그 어떤 화려하고 넓은 정원을 가진 사람들의 글보다 짠한 감동을 준다.

"넓지 않은 마당이라도 작은 나무나 꽃을 심고 꽃분을 치장하는 일은 아무리 세상이 살기 어렵고 각박하더라도, 오히려 그럴수록 메마름을 축여주고 마음 흐뭇한 한 울의 평안함을 얻을 수도 있는 일이다."

그러나 작가의 좁은 집에는 정원이 없다. 푸른 것을 가꾸고 싶은 마음에 마당이라고도 할 수 없는 옹색한 장독대 옆에 해마다 박씨를 심었다. 밤에 푸른 물결 같은 박 덩굴 위에 새하얀 박꽃을 피우고 박을 다섯 통, 열 통씩 따기도 했던 소소한 일상을 가감 없이 진솔하게 쓴 글은 그 시대를 살았던 가난한 서민들에게 한결같은 공감을 준다.

꽃밭을 가꾸는 마음은 꽃보다 아름답다. 나는 근래에 '소소리' 우대표의 집 정원을 보고 지극정성으로 가꾼 집 주인의 손길이 정말 아름답다고 생각했다. 전국 각처로 발품을 팔아가며 모셔온(?) 여러 빛깔의 수국, 매화, 산수유, 모란, 블루베리, 비파나무 등 꽃나무와 나리꽃, 으아리 등 야생화, 꽃이 곱슬곱슬한 부처의 머리를 닮았다는 불두화, 향내 나는 약초 궁궁이, 고향의 누이를 생각나게 하는 보라빛 도라지꽃까지. 게다가 창경궁의 돌담은 정원의 울타리가 되어 고풍스런 운치까지 더해준다. 그 옛날 같은 동네(명륜동)에 사셨던 마해송 선생이 살아오신다면 얼마나 부러워할까 혼자 상상해본다.

선생이 작은 터에 봉숭아, 채송화, 양귀비 따위를 동네에서 모종을 해와 조그만 꽃밭을 만들었으나 아들들이 "매일 평행봉을 타면 우리들 몸이 좋아지겠지!" 하며 이태 동안 조르는 통에 평행봉을 세웠더니 "댓돌 밑에 조르륵 심은 채송화가 신발에 밟혀서 처량했다."라고 아쉬워한다.

선생은 결국 "아이들이 아침저녁으로 평행봉을 타며 쭉쭉 힘을 내는 것을 보고 꽃나무가 자라나는 것을 바라보는 것보다 더한 기쁨을 느낀다."라고 스스로를 위로하는 것으로 글을 맺는다.

평행봉을 세워달라고 조르던 선생의 맏아들인 재미 의사이면서 시인인 마종기 선생도 아버지와 함께 밝은 달밤에 툇마루에 앉아 지붕 위에 박꽃을 바라보던 추억담을 말하던 글을 본 적이 있다.

"가난하지만 의연하게 살라"고 하신 아버지는 선비로 살았는데 나는 그분의 곧은 정신을 계승할 자신이 없었다고 회고한다.

마종기 시인이 가난이 싫어 미국으로 떠난 지 4개월 만에 아버지가 뇌졸중으로 쓰러져 타계하셨다는 부음을 들었으나, 그때 만해도 귀국할 비행기 표를 살 돈이 없어 임종은 물론 장례식에도 참석치 못한 죄책감에 평생 두고두고 가슴이 아프다고 했다.

그 마음의 빚을 조금이라도 갚는 심정으로 마해송 선생이 타계하신 지 49년 만인 2015년 오랜 숙원인 『마해송 전집 10권』을 완간하여 선생의 문학 비 앞에 바쳤다고 한다.

올곧은 선비정신과 맑은 문장으로 어려운 시기에 우리 모두에게 꿈을 심어준 작가 마해송! 시대가 어려울수록 그 이름을 잊지 않고 선생의 정신을 계승하여야 할 것이다.

작품 감상

화초 없는 정원

마 해 송
(아동문학가 · 1905~1966)

개성사람들이라기보다, 개성의 집은 초가삼간 오막살이 콧구멍만 한 좁은 마당이라도 그 마당에 화계석(花階石)이 있기 마련이다. 화강석 돌을 다룬 한 단짜리 두 단짜리 삼 층짜리 꽃분 놓은 돌 평상이다. 부잣집이건, 가난한 집이건, 넓은 집이건 좁은 집이건 반드시 있다.

넓은 집 부잣집이면 안채에도 있고, 사랑채에도 있고, 사랑채에만도 두서너 군데 있기도 한 것이다.

겨우내 땅광이나 움에 묻어두었던, 혹은 방 안에 두었던 화초분을 새봄이 오면 내어 놓는다. 매화, 난초, 석류나무분, 천도복숭아분…. 봉숭아니 분꽃이니 채송화니 과꽃이니 하는 따위는 사랑채에는 없는 법이다. 그런 꽃들은 안마당 장독대 앞이나 뒤채에 가꾸기 마련이다.

그러나 서울 집에는 그런 것이 별로 없다. 사람 따라 일본식 정원을 꾸미는 집이 있는가 하면, 덩그러니 큰 집에도 일 년 내 푸른 것 붉은 것을 볼 수 없는 집도 있는 모양이다. 넓지 않은 마당이라도 작은 나무나 꽃을 심고 꽃분을 치장하는 일은 아무리 세상이 살기 어렵고 각박하더라도, 오히려 그럴수록 메마름을 축여주고 마음 흐뭇한 한 울의 평안함을 얻을 수도 있는 일이다. 그런 것을 모르는 바 아니나, 지금의 내 살림에 '나의 정원'을 쓰라는 부탁은 슬픈 일이 아닐 수 없다. 정원이 없기 때문이다. 여남은 평의 마당은 장독대와 수채가 반을 차지하고 있고, 부엌으로 안방으로 건넌방으로 아랫방으로 드나들어야 하는 좁은 마당은 마당이 아니라 길이다. 빤빤해서 풀 한 포기 돋아날 수 없는 것이다. 장독대에는 텅텅 빈 크고 작은 장독이 십여 개 늘여 놓여 있는 것이다.

그러나 나 역시 푸른 것이나 꽃이 마당에 있었으면 하는 마음 어쩔 수 없어 해마다 박씨를 심었다. 처음에는 화분에 심어서 일찌감치 떡잎이 나와, 그것이 자라면 비 내리는 날 장독대 앞에 모종을 하고, 그것이 자라면 새끼줄을 쳐서 지붕 위까지 올라가게 했었다. 그렇게 되면 장독을 아주 덮어버리게 되었고, 지붕 위에서 해마다 큼직한 박 다섯 통을 땄고 열통도 딴 일이 있었다.

박꽃은 밤에 핀다. 장독대를 덮어버린 박 덩굴은 푸른 물결 같고, 거기 새하얀 박꽃이 함빡 피는 것이다. 그것을 즐겼다. 아이들은 박 덩굴을 싫어했다. 낮에는 지저분하고 파리가 많이 꼬이기 때문이었다.

"내년엔 박을 심지 말고 꽃밭을 만들어요…."

그런 말을 하면서 동네 집에서 봉숭아 채송화 양귀비 따위를 얻어다 심는 것이었다. 낮에도 제법 아름다운 꽃밭이 되었었다. 그런데 아들 아이 둘은 넌지시 조르는 것이었다.

"매일 아침 평행봉을 타면 우리들 몸이 좋아지겠지! 알통도 나오고…."

그것은 무심히 흘려버릴 수작이 아니었다. 그런 말을 이태 동안이나 듣고 나니 욕심만 차릴 수가 없었다. 장독대 앞에 좁기는 하지만 평행봉을 세우기로 한 것은 재작년이었다. 계집아이는 채송화 모종을 얻어다가 댓돌 밑에 조르륵 심었다. 그것이 신발에 밟혀서 더욱 처량했다. 그러나 나는 아이들이 아침저녁으로 평행봉을 타며 쭉쭉 힘을 내는 것을 보고 꽃나무가 자라나는 것을 바라보는 것보다 더한 기쁨을 느끼는 것이다.

2.

잊혀가는 것에 대한 애가(哀歌)

양주동 「사랑은 눈 오는 밤에」

누구라도 사랑하고 싶은 계절

엊그제 내린 초설(初雪)이 온 산야를 순백으로 물들이고 있다. 차창 밖으로 펼쳐지는 아득한 설경은 현실의 번거로움을 잠시 잊은 채, 문득 해일처럼 밀려오는 어떤 그리움에 젖어들게 한다.

누구라도 사랑하고 싶은 계절이다. 일찍이 무애(无涯) 양주동 박사의 수필 「사랑은 눈 오는 밤에」가 떠오른 것은 이 때문인지 모른다.

"사랑은 겨울에 할 것이다- 겨울에도 눈 오는 밤에, 눈 오는 밤이어든 모름지기 사랑하는 이와 노변(爐邊)에 속삭이는 행복된 시간을 가지라."라는 서두가 명쾌하게 다가온다.

여고 졸업반이었던 60년대 초 겨울방학 중, 선생의 특강이 있다고 해서 친구 숙이와 함께 눈 내리는 저녁, 동국대 언덕을 오르던 기억이 새삼스럽다. 자칭 인물국보 1호라고 호언하면서, 침을 튀며 사자후(獅子吼)를 토해내던 노교수의 열강을 이 시대에 다시 한 번 듣고 싶어진다.

눈(雪)은 다분히 정적(靜的)이다. 그러기에 어느 시인은 "먼 데서 여인의 옷 벗는 소리"로 「설야」를 읊지 않았던가! 간밤 소리 없이 도둑눈이 내린 아침의 그 평화로움은 지상의 모든 미움을 사라지게 한다.

"밤은 길 대로 길고 눈은 끊임없이 내린다.… 둘 중에 하나가 화로에 놓인 부젓가락을 들어 재 위에 무슨 간단한 단어나 말을 써도 좋다.… 저 편이 볼까 하여 도로 얼른 부젓가락으로 지우고 마는 심사! 사람은 이러한 미묘한 정서의 경험을 위하여 구태여 그의 애인을 여름날 멀리 바닷가로 데려가지 않아도 좋다. 화롯가의 재는 이 경우에 바로 바닷가의 모래이다. 이리하여 겨울밤은 깊은 줄도 모르게 깊어간다." 연인과 함께라면 화롯가의 재도 바닷가의 모래가 될 수 있을 것이다.

눈 오는 밤 남녀가 화롯가에서 사랑을 할 때, 남녀는 종종 '첼시의 현자' 즉 영국의 유명한 비평가 칼라일(Thomas Carlyle)이 될 수도 있고, '콩코오드의 철인' - 『월든』으로 유명한 미국의 사상가 에머슨(Ralph Waldo Emerson)이 될 수도 있다고 작가가 피력한 것은 사랑을 할 때는 누구나 위대해진다는 뜻이리라.

"굿 나잇이라고요?/ 아아 천만에/ 합할 이를 나누는 밤은 언짢은 밤/ 가지 말고 조용히 앉아 계시오/ 그래야 그게 참으로 좋은 밤이요."

국문학자이면서 와세다대학에서 영문학을 전공했으며 시인이기도 한 선생이 영국의 낭만파 시인 셸리의 「Good Night」이란 시에 자신의 사유를 함축한 것은 어쩌면 자연스러운 귀결이 아닌가 한다.

무릇 "사랑은 선(禪)과 같이 침착하고 태연하고 유유(悠悠)해야 할 것이다."라는 선생의 지론을 조급한 요즘 젊은이들은 어떻게 받아들일까?

모든 것이 너무나 빠르게 변하는 격변의 시대에 눈 오는 밤, 현대인들에게 꼭 한 번 읽기를 권하고 싶은 명수필이다.

작품 감상

사랑은 눈 오는 밤에

양 주 동
(국문학자 · 1903~1977)

사랑은 겨울에 할 것이다. - 겨울에도 눈 오는 밤에. 눈 오는 밤이어든 사랑하는 이와 노변(爐邊)에 속삭이는 행복된 시간을 가지라. 어떤 이는 사랑이 나란히 걷는 중에서 생장한다고 말하여 혹시 봄밤에 꽃동산을 기리고 혹시 가을날의 단풍길을 좋다 하지마는, 나는 단연코 설야(雪夜)의 노변을 주장하는 자이다. 왜 그러냐 하면 아무리 사랑은 시간을 초월한다 하더라도 겨울밤의 기나긴 것은 어느 편이냐 하면 둘의 마음을 든든케 할 것이요, 더구나 노변의 그윽한 정조와 조용한 기분이며 설야에 다른 내방자가 없으리라는 자신이 서로의 마음을 가라앉게 하기 때문이다. 사랑은 선(禪)과 같이 침착하고 태연하고 유유(悠悠)해야 할 것이다.

그러기에 나의 첫사랑은 나의 주장대로 설야 노변에서 고요히 말없이 행하여졌다. 일찍이 저녁을 마친 뒤에 방안에 흩어져 있는 약간의 서적을 정리하여 서가 위에 올려놓고, 책상 위에는 수묵 빛 난초 한 분을 장식하여 놓고, 차를 달이기 위하여 화로에 불을 젓노라니, 가슴이 적이 설렘을 느낀다. 그러나 시계는 죽어도 쳐다보지 않기로 한다. 나오는 줄도 모르게 입

속으로 뜻 없는 노래를 한두 절 읊조리고 있노라니 즉 궐녀(厥女)의 발자국 소리가 창 밖에 들려오지 않는가…… 궐녀(그녀)는 나의 방문을 나직이 두드릴 만큼 그 침착한 품위를 잃지 않는다.

주인은 말없이 일어나 내방자의 망토자락의 눈을 조심스럽게 털었다. 뜰 안에는 사분사분 내리는 눈이 벌써 한 자나 쌓였다. 궐녀는 망토를 벗고 말없이 화롯가에 와서 단정히 앉는다. 그러나 궐녀는 말이 없다. 주인도 별로 할 말이 없다. 무슨 말을 할 수 있으랴. 고요함을 두려워하려 날씨가 매우 추우니, 눈이 무던히도 많이 오느니 한다 하자. 그것은 누가 말하지 않아도 이미 서로 알고 있는 일이 아니냐. 하물며 서로를 위로하고 서로를 하소연하는 무슨 말이랴. 우리 사이에 말이 필요하다면, 그것은 서로에게 새로운 사실이거나 새로운 교양임을 요한다. 이제 새삼 다시 무엇을 말할 수 있으랴….

그러나 사랑은 결국 좌선은 아니리라. 그들은 애써 무슨 신통한 대화의 실마리를 찾고자 애쓰다가 필경은 무슨 평범한 일에서 단서를 발견하여 최초의 난관을 돌파하리라. 그담부터는 조금도 걱정할 것이 없다. 그들은 혹은 땅콩을 까며(아니 군밤이던가?) 혹은 초콜릿을 벗기며, 차를 마시며 그리도 할 말이 많다. 밤은 길 대로 길고, 눈은 끊임없이 내린다. 가다가 혹시 말이 끊겨져야 할 고비에 이르면, 둘 중에 하나가 화로에 놓인 부젓가락을 들어 재 위에 무슨 간단한 단어나 말을 써도 좋다. 무심코 재 위에 무슨 글자를 썼다가 제가 쓴 것에 제가 놀라, 또는 저 편이 볼까 하여 도로 얼른 부젓가락으로 지우고 마는 심사! 사람은 이러한 미묘한 정서의 경험을 위하여 구태여 그의 애인을 여름날 멀리 바닷가로 데려가지 않아도 좋다. 화롯가의 재는 이 경우에 바로 바닷가의 모래이다. 이리하여 겨울밤은 깊은 줄도 모르게 점점 깊어간다.

사랑은 아무래도 설야 노변에서 할 것이다. 무릇 사랑에는 두 가지 전형이 있으니, 하나는 전례의 제 일장과 같은 벙어리의 사랑- 일찍이 칼라일이

에머슨을 만났을 때, 무언으로 손을 쥐고 무언중에 반시(半時)를 대좌하였다가 무언으로 다시 손을 쥐고 나뉘었다는 일화가 있거니와 사랑하는 남녀도 종종 '첼시의 현자'와 '콩고오드의 철인'이 될 수도 있는 것이다. 또 하나는 드디어 제 이장과 같은 지껄이는 사랑- 이 경우에는 끊임없이 속삭이는 그들의 대화가 어느덧 설야를 잠깐 지나 설조(雪朝)에 이르고야 말 것이니, 그들 사이의 작별의 인사는 필연적으로 듣기에도 섭섭한 굿 나잇(good night)이 아니요, 쾌활하고도 신선한 굿 모닝(good morning)이 될 것이다.

일찍이 셸리는 재자(才子)였건만, 이러한 묘체(妙諦)를 몰랐기 때문에, 내가 그날 밤 무심코 종이 위에 끼적거렸던 'good night'이라는 시를 지었겠다.

'굿나잇'이라고요? 아아 천만에,
합할 이를 나누는 밤은 언짢은 밤,
가지 말고 조용히 앉아 계시오,
그래야 그게 참으로 좋은 밤이요.
그대의 인사는 천사같이 아름다우나
내 어찌 쓸쓸한 밤을 좋다 이르리?
그런 말 생각, 이해, 모두 말아야,
그래야 그게 참으로 좋은 밤이죠.

셸리의 안타까운 good night의 정경이 하필 설야 노변이었는지도 모른다. 그러나 그가 만일 로맨스를 사랑하였다면, 그는 응당 나와 같이 그것들을 택하였으리라. 설야는 몰라도 적어도 영국의 시인이면 노변을 사랑할 줄 알 것이니, 저 워즈워스도 사랑스러운 '루우 씨의 노래' 중에서 노래하지 않았는가.

나의 산 속에서 나는 참으로/ 사랑의 기쁨을 느끼었노라,

나의 사랑하는 그녀는 영국식/ 불 옆에서 물레를 돌리었노라.

여기서 'English fire'라 함은 무론 그가 영국풍의 노변을 자랑삼아 그렇게 노래한 것이다. 그러고 보니, 이 호반의 대 시인도 역시 노변의 사랑을 즐기지 않았는가- 시골 처녀와 일망정.

여름 별곡(別曲)

윤오영 선생의 수필에서는 지고한 선비의 향이 풍긴다. 그의 곧고 소박한 문체가 그렇고 당(唐) 송(宋) 대가의 글을 자주 인용한 데서도 옛 문인의 체취를 느끼게 한다. 그것은 선생이 한학을 공부했고 연구한 데서 그의 지식의 저변에 자연스럽게 스며든 학문의 깊이에서 기인된 것이라 생각된다.

말복과 처서가 지나자, 그 길고 뜨거웠던 여름도 절기의 순환에 따라 성큼 다가온 가을에게 자리를 내주고 물러난다. 한여름의 끝자락에서, 더위와 씨름했던 시절도 잠깐에 지나지 않았음을 되돌아보며 문득 선생의 「하정소화」를 다시 읽어본다. 선생의 글에서 느끼는 문정(文情)과 문사(文思)는 지극히 조선의 정조(情調)이기에 더욱 따뜻하다.

이 수필은 소시민임을 자처하는 선생이 스스로 터득한 여름나기이다. 계절마다 사랑할 수 있는 특징이 있지만, 누구나 피하려 하는 뜨거운 여름도 선생은 다른 계절 못지않게 나름대로 그 속에서 즐거움을 찾는다고 했다. 바캉스다, 피서여행이다 하는 요란한 어휘는 그에게 한낱 사치이고 먼 나라 이야기일 뿐이다.

"땀이 철철 흐르고 숨이 턱턱 막히며 풀잎이 바짝바짝 마르고 흙이 쩍쩍 갈라져 홍로 속에 들어앉은 것 같지만, 무던히 즐겁게 참아 나가는 것은 한줄기 취우(驟雨 소낙비)를 기다리는 마음에서다… 금방 폭포 같은 물이 사방에서 쏟아지고 뜰이 바다가 되어 은방울이 떴다 흩어졌다 구르는 장관, 그 상쾌함이란 또 어디다 견줄 것인가." 또한 "비 그친 뒤에 거쳐 오는 상쾌한 바람, 싱싱하게 살아나는 푸른 숲, 씻은 듯 깨끗한 산봉우리, 쏴 하고 가지마다 들려오는 매미 소리, 그 청신함은 가을을 열두 배 하고도 남음이 있다."이것이 첫째 즐거움이요,

그다음으로는 저녁 후의 납량(納涼)이 그것이라고 했다.

"선선한 바람이 황혼을 타고 불어올 때 건건이 발로 베적삼을 풀어헤치고 둥근 미선(尾扇)을 손에 든 채 뜰에 내려 못 가에 앉아 솔바람을 쏘인다… 게다가 동산에서 달이 떠오르면 그 청쾌함이란 또 어떠한가." 그야말로 소요자적(逍遙自適)하는 선비의 모습이다.

이 수필이 내게 더욱 가깝게 다가온 것은, 글의 배경이 내가 나고 자랐던 돈암동이었기 때문이었는지 모른다. 예전에 성북동을 거쳐 돈암동 일대에는 가난한 문인, 예술인들이 많이 살았다.

"판잣집이 옹기종기 있는 골목 사이로 아카시아 나무 밑을 지나

언덕길로 가면 쉽게 등성에 올라갈 수 있었다. 군데군데 나무가 서 있고 드문드문 바위도 깔려있었다. 우선 시원한 바람이 흉금을 상쾌하게 했다. 주위는 말할 수 없이 고요하고 어둠은 끝없는 바다같이 퍼졌는데 시내의 등불들이 하늘의 뭇별인 양 아름다웠다."

'아카시아 나무 밑을 지나 언덕길로' 가는 길, 그곳은 바로 능안(陵安)으로 가는 길이다. 나는 능안으로 약수(藥水)를 자주 뜨러 다녔고 가다 오다 힘이 들면 그 동산 평편한 바위에서 숲을 바라보며 쉬어 가던 그곳이었다. 그리 크지 않은 돈암동 마을의 지도가 지금도 눈앞에 선한 나는 그곳이 내가 다니던 그 길임을 확신할 수 있다.

글로서 선생과 같은 추억의 공간을 공유하니 이렇게 반가울 수가 없다.

글 후반에 묘사된 월하미인(月下美人)은 문장의 형식으로 볼 때, 자연을 먼저 묘사하고 후에 인정을 그리는 선경후정(先景後情)의 기법 상 동양적인 고전의 월하미인을 말미에 등장시킨 것은 아니었을까?

"그러나 지금은 그 동산도 없어지고 그 자리에는 고층주택 세 채가 서 있다."

내가 몇 년 전 그곳을 찾았을 때도 그 동산과 숲은 사라지고 현대식 주택들이 점령군처럼 당당하게 들어선 것을 보고 세월의 무상함에 허망하기 이를 데 없었다. 사람도 가고 자연도 변하는 세태 속에서 한 세대 전 가난하지만 소박하게 자연과 벗하며 소요자적(逍遙自適) 낙도(樂道)를 즐긴 한 선비의 모습에 진한 여운이 남는다.

하정소화(夏情小話)

윤 오 영
(수필가 · 1907~1976)

내 봄을 사랑함은 꽃을 사랑하는 까닭이요, 겨울을 사랑함은 눈을 사랑하는 까닭이요, 가을을 사랑함은 맑은 바람을 사랑하는 까닭이다. 그러나 봄을 사랑하고 꽃을 사랑함은 실은 추운 겨울을 벗어난 기쁨이요, 맑은 바람을 사랑하고 가을을 사랑함은 뜨거운 여름에서 벗어난 기쁨이다. 만일 겨울의 추움과 여름의 뜨거움이 없었다면 봄과 가을이 그처럼 반갑지는 못했을 것이다. 여름은 오직 뜨거울 뿐이다. 그 무덥고 훈증하고 찌는 듯한 여름을 좋아할 사람은 적다. 그래서 여름은 모두 피하려 한다. 피서란 여기서 온 말이다. 그러나 나는 결코 더위를 피하려 하지 않는다. 만일 내가 여름에 여행을 하고 수석을 찾은 일이 있다면 그것은 피서를 위해서가 아니요 휴가를 이용했을 뿐이다. 더우면 더울수록 기쁨으로 참는다.

땀이 철철 흐르고 숨이 턱턱 막히며 풀잎이 바짝바짝 마르고 흙이 쩍쩍 갈라져 홍로 속에 들어앉은 것 같지만, 무던히 즐겁게 참아 나가는 것은 한 줄기 취우를 기다리는 마음에서다.

이와 같이 달구어 놓고 나야 먹구름 속에서 천둥번개가 일고 장대 같은 빗줄기가 쏟아진다. 그때의 상쾌함이란 어디다 견줄 것인가. 금방 폭포 같은 물이 사방에서 쏟아지고 뜰이 바다가 되어 은방울이 떴다 흩어졌다 구르는 장관, 그 상쾌함이란 또 어디다 견줄 것인가. 비가 뚝 그친 뒤에 거쳐오는 상쾌한 바람, 싱싱하게 살아나는 푸른 숲, 씻은 듯 깨끗한 산봉우리, 쏴 하고 가지마다 들려오는 매미 소리, 그 청신함이란 가을을 열두 배하고도 남음이 있다. 더위를 참고 극복하는 즐거움이란 산정을 향하여 험준한 계곡을 정복하는 등산가의 즐거움이다.

험준한 산악을 정복하는 쾌감도 좋지만, 소요자적(逍遙自適)하는 산책의 취미는 더욱 그윽한 데가 있다. 여름에는 여기에 견줄만한 즐거움이 또 있으니 저녁 후의 납량이 그것이다. 하루의 찌는 듯한 더위가 서서히 물러가고 선선한 바람이 황혼을 타고 불어온다. 이때 건건이 발로 베적삼을 풀어헤치고 둥근 미선을 손에 든 채 뜰에 내려 못가에 앉아 솔바람을 쏘인다. 강이 보이는 언덕이면 더욱 좋고, 수양버들이 날리는 방죽, 하향(荷香 연꽃향기)이 떠오른 못 가, 게다가 동산에서 달이 떠오르면 그 청쾌함이란 또 어떠한가. 어렸을 때 본 기억이지만 베 고의적삼을 걸친 촌옹들이 등꽃이 축축 늘어진 정자나무 밑에서 납량하던 모습이 이제와선 한 폭의 신선도같이 떠오른다. 또 귀가 댁 젊은 여인들이, 잠자리 날개 같은 생초적삼에 물색고운 갑사치마, 제각기 손에 태극선을 들고 연당에서 달을 보며 납량하던 모습은 천상미인도라고나 할까. 그러나 이제 비좁고 복잡한 서울의 거리, 흙내조차 아쉬운 두옥(斗屋)에 사는 사람들에게는 납량이란 꿈같이 환상처럼 느껴질 것이다.

내가 짐을 꾸려가지고 처음 이 돈암동 구석을 찾아온 것은 어느 해 여름철이었다. 콧구멍 같은 집에서 진땀을 흘렸다. 어느 날 밤늦게 잠이 깨인 나는 우리 집 건너편에 야트막한 동산이 있었던 것을 생각해 내고 가만히 일어서서 대문 밖으로 나갔다. 판잣집이 옹기종기 있는 골목 사이로 아카시아 나무 밑을 지나 언덕길로 가면 쉽게 등성에 올라갈 수 있었다. 군데군데 나무가 서 있고 드문드문 바위도 깔려있었다. 우선 시원한 바람이 흉금을 상쾌하게 했다. 주위는 말할 수 없이 고요하고 어둠은 끝없는 바다같이 퍼졌는데 시내의 등불들이 하늘의 뭇별인 양 아름다웠다. 이렇게 시원하고 아름다운 풍경일 줄은 몰랐다.

"萬戶 燈光은 星耿耿이요, 一天暮色은 海茫茫!(만 호의 등불 빛은 별처럼 반짝이고 온 하늘의 저문 빛은 망망한 바다 같네!)" 백낙천은 이사 가서 오동나무에 걸린 달을 보고 흥에 겨워 집값을 더 주었다지만 나는 이 동산 주인을 찾아가 세전을 얼마나 치러야 족할 것인가. 나는 이사를 참 잘 왔다고 생각했다. 그 후, 이 작은 언덕은 나의 유일한 납량처가 되었다.

"茅屋三間이 値萬金(띠 집 세 칸이 만금에 값한다)이요." "城中自有 小山林이라!(성 가운데 절로 작은 산림이 있네)" 이 동산이 이웃에 있으므로 해서 내 집은 만금이 싸다고 자부했다. 달밤이면 더욱 아름다웠다. 푸른 잔디가 달빛에 젖고 어른거리는 나무그림자가 물에 뜬 마름 같고, 호수같이 고인 그 달빛! 정밀이 이 속에 있고 청허가 이 속에 있었다. 불시의 청추가 여기 있다.

어느 달밤에 밤이 훨씬 깊어서 올라갔더니 내가 늘 앉았던 바위에 한 여인이 앉아있었다. 월하미인이라더니 달밤이라 그런지 매우 아름다웠다. 그 단아하게 앉은 자태며, 한복차림의 청초한 모습이 그림 같았다. 한참 바라보다가 미안한 생각에 앞을 지나 등성 너머로 자리를 옮겼다. 한 식경이나 넘어서 돌아와 보니 그 여인은 여전히 그 자리에 그대로 앉아 있었다. 나를 보자 가만히 고개를 들어 약간 미소를 띠며

"선생님 댁이 이 근처세요?" 묻는다. 나는 의아했다.

"더러 뵈온 걸요." 나는 더욱 의아해서

"어디서?" 물었으나 그는 대답이 없었다. 나도 더 묻지 않고 천천히 내려왔다. 그 후 나는 늘 오르내렸으나 그 여인은 나타나지 아니했다. 아직 그 여인이 누구인지 모른다. 때때로 바위에 앉은 그 모습이 떠오르기는 한다. 그러나 나는 더 묻지 않아 좋았다고 생각한다. 만일 그가 어느 다방마담이었거나 범속한 여인이었다면 '월하미인'으로 길이 그 자리에 머무르게 하며 한 폭의 풍경화로 간직하느니보다 아예 못했을 것이기 때문이다. 그러나 지금은 그 동산도 없어지고 그 자리에는 고층주택 세 채가 서 있다.

잊혀가는 것에 대한 애가(哀歌)

전숙희 선생의 수필 「설」은 실로 설을 설답게 쇠는 조선 양갓집의 전통적인 생활 풍속(風俗)이 잘 표현되어 있어, 사라져가는 옛것에 대한 향수를 짙게 느끼게 한다.

"설이 가까워 오면 어머니는 가족들의 새 옷을 준비하고 정초 음식 차리기를 서두르셨다." 이렇게 서두를 시작한 이 글에서 '색깔 고운 인조견을 떠다 명주실로 한 땀 한 땀 지은 설빔, 정초 음식인 식혜, 수정과, 녹두 빈대떡, 앞뜰에 떡판을 놓고 장정 두어 사람이 철컥철컥 쳐 대서 만든 흰떡, 오래오래 달인 엿을 식혀서 검은 콩, 호콩, 깨를 버무려 만든 각종 강정, 갖가지 나물 등이', 설이란 주제를 살린 소재로 등장하여 설의 이미지(image)로 부각시킨다. 또한 그 만드는 과정까지를 여성 특유의 섬세한 필법으로 묘사함에, 어느 것 하나 정겹지 않은 것이 없다.

"아궁이에서는 통장작불이 활활 타고, 쇠솥에선 커피색 엿물이 설설 끓었다……내 마음은 온통 그 아궁이의 불처럼 행복하게 타올랐다."

설을 떠올리면 나에게도 그처럼 행복하게 타올랐던 추억이 있다.

지금도 설이 다가오면 어린 시절 설날을 손꼽아 기다렸던 기억이 아스라하게 밀려온다. 그때의 설렘과 기다림처럼 순수한 마음이 내 생애 또 있었을까!

엄마가 밤 새워 지은 색동저고리에 다홍치마, 온 집안에 스민 고소한 기름 냄새, 오랜만에 모인 친척들의 떠들썩한 웃음소리, 무엇보다 세배 한 번씩에 모이는 세뱃돈은 가장 큰 기쁨이었다. 섣달 그믐날 밤에 잠을 자면 눈썹이 희어진다는 말에 밀려오는 잠을 쫓느라 눈을 부비며 애쓰다 어느새 잠이 깜빡 들었다 깨고 나면 설날 아침이다.

서설(瑞雪)이라도 내린 설 아침이면 그 빛나는 백설에 눈이 시려 더욱 찬란하다. 온 식구가 둘러 앉아 물려받은 차례상에는 갖은 고명을 얹은 떡만둣국에 쇠고기 산적, 두부지짐이, 각종 나물과 과일, 식혜, 수정과 등이 푸짐했다.

집안 어른께 세배를 마친 아이들은, 동네 어른들께 세배를 다닌다. 요즘은 동네 어른께 세배 다니는 풍습도 사라진 지 오래이다. 세배 순례를 다니면 한나절이 걸린다. 그날은 동네 구멍가게가 꼬마들로 붐비는 날이다. 그들이 주로 사는 것은 한 뼘 정도의 시누대 끝에 오색 깃털과 풍선이 달린 피리인데, 한 번 불면 풍선이 부풀려지다 바람이 빠지면서 '삐아··악' 하고 요란한 소리를 낸다. 해가 저물도록 아이들은 팡파르처럼 합주를 하며 골목을 누비고 다녔다. 잠시 그때를 회상해 보는 것만으로도 행복하다.

지금은 돈만 들고 나가면 좋은 옷에, 풍성한 먹거리를 얼마든지 살 수 있다.

"세상이 모두 기계화 되었으니, 필요한 것은 돈과 시간뿐이요, 솜씨나 노력이나 정성이나 사랑이 아니다.… 그러나 정작 귀한 것을 잃어가고 있는 것은 아닐까?" 왜 아니겠는가!

편리하지만 참 생활이 없다. 모든 것이 기계화 되었는데 마음은 더 바쁜 현대인에게 예전엔 드물던 우울증이 유행처럼 번지는 것도 "뼈저린 고생이 없는 대신, 그 뒤에 오는 샘물 같은 기쁨도 없어졌기 때문"인지도 모른다.

"새삼스럽게 옛날로 돌아가자는 것은 아니다. 다만, 우리 여성들이 보여준 그 정성과 사랑의 며느리, 아내, 어머니의 마음만은 이어받자는 것이다. 아무리 기계화된 생활이라 할지라도 정성과 사랑은 쓸데가 있을 것이다. 이야말로 삭막해져 가는 우리의 생활을 인간다운 것으로 되돌리며, 현대인의 고독을 치유하는 것이리라." 작가가 수필 「설」에서 의미부여를 하고 싶은 것은 바로 이것이다.

생활의 변화, 풍속의 변화가 인간의 정신적인 변화를 가져온 결과, 가족 간에도 대화가 단절되고 지나친 개인주의가 만연하다.

잊혀가서 아쉬운 것들이 어디 설 풍경만이겠는가 마는, 올 설에는 더욱, 시절과 함께 흘러간 잃어버린 유년의 편린들이 슬픈 애가처럼 마음을 아프게 한다.

작품 감상

설

전숙희
(수필가 · 1919~2010)

설이 가까워 오면, 어머니는 가족들의 새 옷을 준비하고 정초 음식 차리기를 서두르셨다. 가으내 다듬이질을 해서 곱게 매만진 명주(明紬)로 안을 받쳐 아버님의 옷을 지으시고, 색깔 고운 인조견(人造絹)을 떠다가는 우리들의 설빔을 지으셨다. 우리는 그 옆에서, 마름질하다 남은 헝겊 조각을 얻어 가지는 것이 큰 기쁨이기도 했다. 하루 종일 살림에 지친 어머니는 그래도 밤늦게까지 가는 바늘에 명주실을 꿰어 한 땀 한 땀 새 옷을 지으셨다. 우리는 눈을 비벼 가며 들여다보다가 잠이 들었다. 착한 아기 잠 잘 자는 베갯머리에 어머님이 홀로 앉아 꿰매는 바지 꿰매어도 꿰매어도 밤은 안 깊어 잠든 아기는 어머니가 꿰매 주신 바지를 입고 산줄기를 타며 고함도 지를 것이다.

우리는 설빔을 입고 널뛰는 꿈도 꾸었다. 설빔이 끝나면 음식으로 접어든다. 역시 즐거운 광경들이었다. 어머니는 미리 장만해 둔 엿기름가루로 엿을 고고 식혜(食醯)를 만드셨다. 아궁이에서는 통장작불이 활활 타고, 쇠솥에선 커피색 엿물이 설설 끓었다. 그러면, 이제 정말 설이구나 하는 실감

(實感)으로 내 마음은 온통 아궁이의 불처럼 행복하게 타올랐다. 오래오래 달여 엿을 식혀서는 강정을 만들었다. 검은콩은 볶고 호콩은 까고 깨도 볶아 놓았다가, 둥글둥글하게 콩강정도 만들고 깨강정도 만들었다. 소쿠리에 강정이 수북이 쌓이면서 굳으면, 어머니는 독 안에다 차곡차곡 담으셨다. 수정과(水正果)를 담그는 일도 쉽진 않다.

우선 감을 깎아 가으내 말려서 곶감을 만들어 두어야 한다. 알맞게 건조(乾燥)한 곶감은 바알갛게 투명(透明)하기까지도 하고, 혀끝에 녹는 듯한 감칠맛이 있다. 이것을 향기로운 새앙물에 띄우고, 한약방에서 구해 온 계피(桂皮)를 빻아 뿌리는 것이다. 빈대떡도 손이 많이 가는 음식이다. 우선 녹두(綠豆)를 맷돌로 타서 물에 불려 거피를 내고 다시 맷돌에 곱게 갈아, 돼지고기와 배추김치도 알맞게 썰어 넣은 다음, 넉넉하게 기름을 두르고 부쳐내는 것이다. 며칠씩 소쿠리에 담아 놓고 손님상에 내놓기도 좋거니와, 솥뚜껑에 푸짐히 부쳐 가며 온 가족이 둘러앉아 먹는 것도 별미(別味)였다.

그러나 정초 음식의 주제(主題)는 역시 흰떡이다. 흰쌀을 물에 담갔다가 잘 씻고 일어선 차례로 쪄내고, 앞뜰에 떡판을 놓고는 장정 두어 사람이 철컥철컥 쳤다. 장정들이 떡판을 쳐내면 어머니는 밤을 새워 떡가래를 뽑고, 알맞게 굳으면 이것을 써셨다. 그리고, 세배꾼이 오는 대로 맛있는 떡국을 끓이고, 부침개며 나물이며 강정이며 수정과며 한 상씩 차려 내셨다. 나는 지금도 설날이 되면, 어머니 옆에서 설빔이 되기를 기다리던 그 초조(焦燥)한 기쁨, 엿을 고고 강정을 만들고 수정과를 담그고 흰떡을 치던 모습, 빈대떡 부치던 냄새, 이런 흐뭇한 기억(記憶)이 되살아나 향수(鄕愁)에 잠긴다. 우리 어머니들은 설빔 하나 만드는 데도, 설상 하나 차리는 데도 이처럼 수많은 절차(節次)를 거치고, 알뜰과 정성과 사랑을 쏟아 가족을 돌보고 이웃을 대접했다.

그런데, 지금 우리들은 어떤가? 기성복상(旣成服商)에는 항상, 맞춘 것 이상으로 척척 들어맞는 옷들이 가득 차 있으니, 언제든지 돈만 들고 나가면 당장에 몇 벌이라도 골라 입을 수 있다. 설이 돌아와도 여자가 그의 남편이나 아이들을 위해서 밤새워 옷을 지을 필요가 없게 되었다. 식료품상(食料品商)에는 다 만든 강정이 쌓여 있고, 다 갈아 놓은 녹두도 있다. 아니, 빈대떡도 얼마든지 살 수 있다. 흰떡도 치거나 뽑을 필요 없이, 쌀만 일어 가지고 가면 금방 떡가래를 찾아올 수 있다. 세상이 모두 기계화(機械化)되었으니, 필요한 것은 돈과 시간뿐이요, 솜씨나 노력이나 정성이나 사랑이 아니다. 참으로 편리(便利)한 세상이 되었다.

그러나, 그 '편리' 속에 짙은 향수가 겹치는 것은 무슨 까닭일까? 우리는 정작 귀한 것을 잃어가고 있는 것은 아닐까? 한국 여성들의 그 정성과 사랑을 우리는 이어받지 못하고 있다는 생각이 든다. 가족의 옷 한 가지 짓는 데도, 남편의 밥 한 그릇 마련하는 데도, 조상의 제사상(祭祀床) 하나 차리는 데도, 이웃에 부침개 한 접시 보내는 데도, 우리 여성들은 말할 수 없는 정성과 사랑을 다 바쳤다. 옛날의 우리 의생활(衣生活)과 식생활(食生活)은 여성들의 무한한 노고(勞苦)와 인내(忍耐)를 요구하는 것이었지만, 우리 여성들은 오로지 정성과 사랑으로, 노고를 노고로, 인내를 인내로 알지 않았다.

밤새도록 시어머니의 버선볼을 박던 며느리, 손 시린 한겨울에도 찬물을 길어다 흰 빨래를 하고 풀을 먹이고 다듬이질을 하고, 희미한 호롱불 밑에서 바느질을 하던 아내와 어머니, 한국 여인들의 그 아름다운 마음씨를 누가 감히 따를 수 있을까? 오늘의 우리는 그들의 마음을 잃어 가고 있다. 마음을 잃어 가고 있으므로 생활도 잃어 간다. 아침이면 뿔뿔이 헤어지고, 저녁에 모여선 빵과 통조림으로 끼니를 때우고, 텔레비전 앞에서 대화(對話) 없는 몇 시간을 지나다간 또 뿔뿔이 헤어져 잠자리에 드는 사람도 많다. 편리하지만 참생활이 없다.

그래서 현대인은 고독(孤獨)한지도 모른다. 우리가 어려서 우리 어머니들에게서 느끼던 그 어머니를 오늘의 우리가 우리 아이들에게 느끼게 하지를 못한다. 사서 입히고 사서 먹이는 동안에 우리는 정성과 사랑이 식어 간 것이다. 뼈저린 고생이 없는 대신, 그 뒤에 오는 샘물 같은 기쁨도 없어졌다. 그래서, 우리 아이들은 고독하게 자라는지도 모른다. 편리도 중요하지만, 어떻게 뜨겁게 사느냐 하는 것이 더 중요하지 않을까? 새삼스럽게 옛날로 돌아가자는 것은 아니다. 다만, 우리 여성들이 보여 준 그 정성과 사랑의 며느리, 아내, 어머니의 마음만은 이어받자는 것이다.

아무리 기계화된 생활이라 할지라도 정성과 사랑은 쏟을 데가 있을 것이다. 이야말로 삭막(索漠)해져 가는 우리의 생활을 인간다운 것으로 되돌리며, 현대인의 고독을 치유(治癒)하는 길이리라. 아니, 이렇게 거창하게 말할 필요까지도 없다. 나의 남편과 아이들로 하여금, 고독을 모르는 기쁜 생활을, 행복을 누리게 하는 길이라고 믿자. 명절이 돌아오면 나의 고독한 눈에, 어머니가, 어머니가 자꾸만 떠오른다.

끝나지 않은 슬픔

2014년 4월 16일 진도 앞바다에서 세월호의 유례없는 참사가 일어난 후, 유가족은 물론 온 나라가 슬픔과 분노의 눈물로 속절없이 봄을 보내고 또 여름을 맞고 있다. 지난봄을 어떻게 보냈는지 황망하기만 하다. 꽃들도 그 빛을 잃고 새들도 숨죽여 날았다. 푸른 잎새 뒤에 숨어서 피어나는 명자꽃 붉은색도, 영산홍 고운 빛도 바라보는 마음이 슬프니 그 모습이 처연하기만 하다. 붉은 꽃들이 진 자리에 어느새 아까시, 찔레의 흰 꽃들이 소복인 듯, 위로인 듯 피어났다.

일생에 가족을, 그것도 자식을 잃은 참척(慘慽)의 고통보다 더한 비극이 어디 있으랴! 너무도 비참하여 글로 옮기기조차 참담한 사고를 당한 유족들의 심정은 그 슬픔의 깊이를 가늠하는 것조차 송구하기만 하다.

중국 진나라 때의 고사(故事) '단장지애(斷腸之哀)'의 슬픔은 새끼

잃은 원숭이의 배를 갈라보았더니 창자가 마디마디 끊어져 있었다는 데서 유래된 이야기다.

하물며 인간임에랴! 창자가 끊어지고 뼈가 녹아내리는 극한의 고통을 참고 견디는 유족들에게 우리는 과연 무슨 말을 할 수 있겠는가!

농업과 원예학의 대가인 유달영 박사의 수필 「슬픔에 관하여」를 읽고 처음엔 남의 얘기를 쓴 것인가 하고 내 눈을 의심하여 읽던 자리를 읽고 또 읽어야만 했다.

선생은 몇 번씩 겹치는 그 비극을 어찌 견디며, 우리나라 농업과 원예학 발전에 그 큰 업적을 남기셨을까! 6 · 25 전쟁 때 두 아이를 잃은 단장의 고통을 겪고, 이제 어린 막내마저 2년 전 받은 신장종양 수술이 재발하여 '오늘의 의학으로는 치료 방법이 없다'는 무서운 선고를 받았다. 그 당시만 해도 의료수준이 현대에 못미처 완치는 불가능했다. '천 근 쇳덩이가 가슴을 눌러 숨을 쉬기도 어려운데' 어린것은 시골서 보지 못한 도시의 풍경에 신기해하며 티끌만한 근심도 없었다.

자기의 마지막 날을 알지 못하는 아이는 구둣가게를 가리키며 "아빠, 구두." 하고 조른다. 낡은 운동화를 벗기고 가죽신 한 켤레를 사서 신기자 천하라도 얻은 듯 기쁨에 찬 어린것의 두 눈을 부부는 차마 슬픈 눈으로 볼 수 없어서 마주 보고 웃어주었다. 커서 의사가 되겠다는, 총명해 보이는 아들의 잠든 얼굴을 바라보며 아비는 온 밤을 죽음을 생각하며 잠 못 이룬다.

그러나 모든 슬픔을 초월하고 싶은 선생은 "인간의 모든 고귀한 것은 한결 같이 슬픔 속에서 생산된다. 슬픔은 인간의 영혼을 정화시키고 훌륭한 가치를 창조한다."라고 그의 신념을 다지며 다시 일어서 연구에 전념한다.

'베토벤과 밀레, 고흐의 예술작품이 하나 같이 무서운 가난과 육체적 고통과 고뇌 속에서 창조되었고, 예수, 공자, 석가도 슬픔과 고통을 이겨내어 영혼을 정화하고 인류를 구원할 수 있었다.'고 말한다.

"신(神)이여, 거듭하는 슬픔으로 나를 태워 나의 영혼을 정화하소서." 이 고백에서는 구약(舊約)성경에 나오는 욥의 경지를 보는 것 같아 더욱 숙연해진다.

그러나 그 어떤 비유로 지금 세월호 유가족의 참담한 심정을 위로할 수 있겠는가!

"가난했지만 행복했는데 너를 보내고 가난만 남았구나!" 어느 유가족의 피맺힌 절규가 가슴을 먹먹하게 한다.

오늘이 사고 55일째, 아직도 저 어둡고 찬 바다 속 어디에선가 부모의 곁으로 돌아오지 못하고 있는 영령이 13명이나 된다. 한 명의 실종자도 없이 다 돌아오기만을 유가족과 함께 온 국민이 염원할 뿐이다.

세월호의 슬픔은 현재진행형이다. 🖬

슬픔에 관하여

유 달 영

(농학자 · 수필가 · 1911~2004)

사람의 일생(一生)은 기쁨과 슬픔을 경위(經緯)로 하여 짜 가는 한 조각의 비단일 것 같다. 기쁨만으로 일생을 보내는 사람도 없고, 슬픔만으로 평생(平生)을 지내는 사람도 없다. 기쁘기만 한 듯이 보이는 사람의 흉중(胸中)에도 슬픔이 깃들며, 슬프게만 보이는 사람의 눈에도 기쁜 웃음이 빛날 때가 있다. 그러므로 사람은, 기쁘다 해서 그것에만 도취(陶醉)될 것도 아니며, 슬프다 해서 절망(絶望)만 일삼을 것도 아니다.

나는 지금, 내 책상 앞에 걸려 있는 그림을 보고 있다. 고호가 그린 '들에서 돌아오는 농가족(農家族)'이다. 푸른 하늘에는 흰 구름이 엷게 무늬지고, 넓은 들에는 추수(秋收)할 곡식이 그득한데, 젊은 아내는 바구니를 든 채 나귀를 타고, 남편인 농부(農夫)는 포오크를 메고 그 뒤를 따라 집으로 돌아오는 것이다. 생활(生活)하는 사람의 세계(世界)를 그린 그림 가운데 이보다 더 평화(平和)로운 정경(情景)을 그린 것은 그리 흔하지 않을 것이다. 넓은 들 한가운데 마주 서서, 은은한 저녁 종소리를 들으며 감사(感謝)의 기도(祈禱)를 드리는 농부 내외의 경건(敬虔)한 모습을 우리는 밀레의 '만종(晩鐘)'에서 보거니와, 내가 지금 보고 있는 그림은 그 다음 장면처럼 느껴지기도 한다. 그리고, 밀레와 고호의 가슴 속에 흐르고 있는 평화지향(平和志向)의 사상(思想)은 마치 한 샘에서 솟아나는 물처럼 구별(區別)할 수가 없다.

그 무서운 가난과 고뇌(苦惱) 속에서 어쩌면 이렇게도 모든 사람의 가슴을 가라앉힐 수 있는 평화경(平和境)이 창조(創造)될 수 있었을까? 신비(神秘)로운 일이다. 베토벤의 '전원 교향곡(田園交響曲)'이나 '봄의 소나타'를 들을 때도 나는 이러한 신비를 느낀다. 둘 다 베토벤이 귀머거리가 된 이후의 작품(作品)인 것이다. 슬픔은, 아니 슬픔이야말로 참으로, 인간으로 하여금 그 영혼(靈魂)을 정화(淨化)하고 높고 맑은 세계를 창조하게 하는 힘이 아닐까? 예수 자신이 한없는 비애(悲哀)의 사람이 아니었더라면, 인류(人類)의 가슴을 덮은 검은 하늘을 어떻게 개게 할 수 있을 것인가? 공자(孔子)도 석가(釋迦)도 다 그런 분들이다.

나의 막내아들은 지난봄에 국민학교 1학년이 되었어야 할 나이다. 벌써 2년 전의 일이다. 그때 이 아이는 '신장종양(腎臟腫瘍)'이라고 하는 매우 드문 아동병(兒童病)에 걸렸다. 그러나, 곧 수술(手術)을 받고 지금까지 건강(健康)하게 자라왔다. 그런데 오늘, 그 병이 재발(再發)한 것을 비로소 알았고, 오늘의 의학(醫學)으로는 치료(治療)의 방법이 없다는, 참으로 무서운 선고(宣告)를 받은 것이다.

아이의 손목을 하나씩 잡고 병원 문을 나서는 우리 내외는, 천 근 쇳덩이가 가슴을 눌러 숨을 쉬기도 어려웠다. 아무것도 모르는 어린것은, 시골서 보지 못한 높은 건물과 자동차의 홍수(洪水), 사람의 물결들이 신기(新奇)하고 재미있는 모양이었다. 그에게는 티끌만한 근심도 없었다. 나는 그의 얼굴을 바로 보지 못했다. 자기의 마지막 날을 알지 못한다는 것은 사람을 맹목(盲目)으로 만들기 쉬울 것이다. 그러나 또한 얼마나 다행스러운 일인가.

"아빠, 구두."

그는 구둣가게를 손가락으로 가리켰다. 구두가 신고 싶었었나 보다. 우리 내외는 그가 가리킨 가게로 들어가, 낡은 운동화를 벗기고 가죽신 한 켤레를 사서 신겼다. 어린것의 두 눈은 천하라도 얻은 듯한 기쁨으로 빛났다. 우리는 그의 기쁜 얼굴을 차마 슬픈 눈으로 볼 수가 없어서 마주 보고 웃어 주었다. 오늘이 그에게는 참으로 기쁜 날이요, 우리에게는 질식(窒息)한 듯한 암담(暗澹)한 날임을 누가 알랴.

아버지가 돌아가시는 것을 '천붕(天崩)'이라고 한다. 하늘이 무너진다는 뜻이다. 나는 아버지의 상(喪)을 당하고서야 비로소 이 표현이 옳음을 알았다. 그러나 오늘, 의사(醫師)의 선고(宣告)를 듣고, 천 길 낭떠러지 밑으로 떨어지는 슬픔을 주체할 수 없으니, 이는 천붕보다 더한 것이다. 6·25 때 두 아이를 잃은 일이 있다. 자식의 어버이 생각하는 마음이 어버이의 자식 생각하는 마음에 까마아득히 못 미침을 이제 세 번째 체험한다.

2년 전 어느 날이었다. 수술 경과(手術經過)가 좋아서 아이가 밖으로 놀러 나갈 때, 나는 그의 손목을 쥐고,

"넌 커서 의사가 되는 게 좋을 것 같다. 의사가 너의 병을 고쳐 준 것처럼, 너도 다른 사람의 나쁜 병을 고쳐 줄 수 있게 말이다."

하고 말했었다. 그는 고개를 끄덕이었고, 그 후부터는 누구에게든지 의사가 되겠다고 말해 왔었다.

이 밤을 나는 눈을 못 붙이고 죽음을 생각한다. 그리고, 인간의 모든 고귀(高貴)한 것은 한결같이 슬픔 속에서 생산(生産)된다는 생각을 하면서, 더없이 총명(聰明)해 보이는 내 아들의 잠든 얼굴을 안타까이 바라보고 있는 것이다. 그러면서, 인생은 기쁨만도 슬픔만도 아니라는, 그리고 슬픔은 인간의 영혼(靈魂)을 정화(淨化)시키고 훌륭한 가치(價値)를 창조(創造)한다는 나의 신념(信念)을 지그시 다지고 있는 것이다.

"신(神)이여, 거듭하는 슬픔으로 나를 태워 나의 영혼을 정화하소서."

정! 과학보다 숭고한 삶의 향기

주요섭의 「미운 간호부」는 한 병원의 전염병동에서 간호사와 환자 보호자와의 사이에 있었던 짧은 대화를 한 편의 수필로 완성한 글이다. 대략 1930 년대의 사회상의 일면으로 추측되나 지금 이 시대에도 우리가 얼마든지 겪을 수 있는 일이다.

'낯익은 일상 속에 숨은, 낯선 진실 폭로하기'란 바로 이런 글일까.

단(單)수필에 전혀 군더더기나 화려한 형용사 하나 없이 간결체로 쓴 글이지만 그 속에는 만 가지의 말보다도 가슴을 찌르는 촌철살인(寸鐵殺人)의 울림이 있다.

작가는 이 글에서 우리에게 인간의 4가지 정서 즉 희로애락(喜怒哀樂) 중 노(怒)와 애(哀)를 동시에 부여한다. 작가의 분노와 슬픔이 곧 우리들의 마음에 와 닿는 것이다.

7, 8세 밖에 안 된 귀여운 딸아이를 이질에 걸려 3일 만에 잃은 어머니가 자식의 죽음을 남편에게 알리러 간 사이에, 병원 측은 시

신을 벌써 옮겨 버렸다. 소녀의 어머니는 딸의 죽음을 믿고 싶지 않았고, 할 수만 있다면 끌어안고 곁을 지키고 싶은 심정에, 시체실을 가르쳐 달라고 한다. 간호부는 시체실은 벌써 쇠를 채웠으니 가볼 필요가 없다고 잘라 말한다.

"아니 죽은 애를 혼자 두고 쇠를 채워요?"

그 어머니의 애절한 절규 앞에

"죽은 애 혼자 두면 어때요?"

하고 톡 쏘는 간호부의 얼음 같이 싸늘한 목소리, 작가는 차라리 말을 잃는다.

구구한 설명의 지문이 없어도 이 작품 속에는 한 간호부의 권위적이고 비인간적인 언행에 한마디 항변도 못하는 가난한 하층민의 애환과 페이소스가 짙게 깔려있다.

직업적 매너리즘에 빠져 타인의 생명은 하찮게 여기는 인간성 결여의 매몰차고 비정한 간호부 - 그녀에게는 '백의의 천사'라는 수식어가 무색하다.

우리는 그녀의 인간성 상실에 분노를 느끼는 순간 역설적으로 인간성의 회복을 갈구한다. 이것이 작가가 우리에게 던지는 화두가 아닐까?

'나는 문명한 기계보다는 야만인 인생을 더 사랑한다.' 라는 작가의 독백 안에는 기계화되고 과학화된 이 시대의 인간문제에 많은 문제점들이 함축되어있다.

과학의 발달은 인간성과 반비례하는 것일까? 인간을 위한 문명이 오히려 인간성을 상실하게 만드는 것이 얼마나 아이러니한 일인가.

「사랑방 손님과 어머니」「아네모네의 마담」 등 주로 휴머니즘적이고 리얼리즘적 소설을 많이 발표한 작가 주요섭은, 역시 그가 남긴 수필 속에서도 모든 사람이 공감할 수 있는 현실비판적인 의식의 세계를 직설적으로 잘 나타내고 있다. 이 점이 내가 이 작품을 명수필로 꼽는 이유이다.

문학의 목적은 곧 인간발견, 인간성의 회복이기 때문이다.

'정情! 그것은 인류 최고의 과학을 초월하는 생의 향기이다.'라고 결말을 맺은 작가의 말은 영원한 진리이다.

미운 간호부

주 요 섭
(소설가 · 1902~1972)

어제 S병원 전염병실에서 본 일이다. A라는 소녀, 7, 8세 밖에 안 된 귀여운 소녀가 죽어 나갔다. 적리(赤痢)로 하루는 집에서 앓고, 그 다음날 하루는 병원에서 앓고, 그리고 그 다음날 오후에는 시체실로 떠메어 나갔다. 밤낮 사흘을 지키고 앉아 있었던 어머니는 아이가 운명하는 것을 보고 죽은 애 아버지를 부르러 집에 다녀왔다. 그동안 죽은 애는 이미 시체실로 옮겨가 있었다. 부모는 간호부더러 시체실을 가르쳐 달라고 청하였다.

"시체실은 쇠 다 채우고 아무도 없으니까, 가보실 필요가 없어요."

고 간호부는 톡 쏘아 말하였다. 퍽 싫증난 듯한 목소리였다.

"아니, 그 애를 혼자 두고 방에 쇠를 채워요?"

하고 묻는 어머니의 목소리는 떨리었다.

"죽은 애 혼자 두면 어때요?"

하고 톡 쏘는 간호부의 목소리는 얼음같이 싸늘하였다.

이야기는 간단히 이것이다. 그러나 나는 그때 몸서리쳐짐을 금할 수가 없었다.

"죽은 애를 혼자 둔들 어떠리!"

사실인즉 그렇다. 그러나 그것을 염려하는 어머니의 심정! 이 숭고한 감정에 동정할 줄 모르는 간호부가 나는 미웠다. 그렇게까지 간호부는 기계화되었는가?

나는 문명한 기계보다는 야만인 인생을 더 사랑한다. 과학상에서 볼 때, 죽은 애를 혼자 두는 것이 조금도 틀린 것이 없다. 그러나 어머니로서 볼 때는…. 더 써서 무엇 하랴? 어머니를 이해하지 못하고 동정할 줄 모르는 간호부! 그의 과학적 냉정이 나는 몹시도 미웠다. 과학문명이 앞으로 더욱 발달되어 인류 전체가 모두 다 '냉정한 과학자'가 되어 버리는 날이 이른다면…. 나는 그것을 상상만 하기에도 소름이 끼친다.

정情! 그것은 인류 최고의 과학을 초월하는 생의 향기이다.

*적리(赤痢): 이질

천경자 「파리의 눈보라」

한과 그리움을 예술로 승화한 삶

서울에 첫눈이 내린다. 나는 지금 창밖으로 분분히 날리는 눈발을 바라보며 이 시대가 낳은 최고의 여성 화가임은 물론, 10여 권의 수필집을 펴낸 작가 천경자의 수필 「파리의 눈보라」를 읽으며 그녀의 생을 회고해 본다.

상처 없는 삶은 없는 것일까! 천재적인 예술적 재능으로 인해 얻은 화려한 명성 뒤에 이렇듯 고독하고 슬픈 한의 그림자가 드리워있는 줄을 새삼 알게 되었다.

이미 알려진 대로 1991년 미인도 위작사건의 논란으로 돌연 절필을 선언하고 고국을 떠난 후, 최근에는 근황이 전혀 알려지지 않아 생사도 불분명 하던 차에, 지난 10월 22일 그녀의 부음이 뉴스의 헤드라인을 장식했다. 장녀 이혜선씨에 의하면 8월 6일 미국 뉴욕 맨해튼 자택에서 향년 91세로 임종하였다는 것이다. 말년에 투병생활을 오래 계속했다니 먼 이국에서 얼마나 고독하고 쓸쓸하게 생을 마감했나를 미루어 짐작할 수 있다.

'천경자' 그 이름은 나에게 있어서 범접할 수 없는 선망의 대상이었다. 그 세련되고 독특한 외모에서는 당당함과 도도한 카리스마마저 풍겨 가히 우리와는 차원이 다른 세계에 살고 있는 강인한 여인인 줄로만 알았다.

「파리의 눈보라」, 이 한 편의 수필은 그런 선입견을 깨고도 남음이 있다. 그녀도 우리네와 다름없는 정 많은 어머니이고 나약한 한 여인이었음을 알았을 때, 인간적인 훈훈함과 친근함으로 더 가깝게 다가왔다. 눈 오는 밤, 홀로 앉아 울며 '응혈된 감정'을 풀었고 아이들을 기르는 즐거움과 사랑하는 사람과의 이별로 고통스러워했던 범부(凡婦)였다.

그녀의 글은 진솔하고 순수하여, 대담하고 경이로운 색채의 미술작품과는 대조적이었다. 그림이 강렬한 원색이라면 수필은 꾸밈없고 담백한 무채색에 가깝다고 할까! 결코 현학적(衒學的)이거나 세련된 수사법은 없어도 가슴에 와 닿는 감동이 있다.

이 수필의 주제는 1970년 파리에 머물며, 때마침 내리는 파리의 눈보라 속에서 서울의 눈 오는 날의 풍경을 그리워하고 있는 것이다.

"서울의 우리 집은 작고 초라하지만 인왕산이 훤히 내려다보여서 어느 누구의 저택 부럽지 않게 전망이 좋았다. 더구나 눈보라 치는 날은 그 경치가 볼만 했다. 나는 석유난로에서 물 끓는 소리를 들으며 인왕산의 눈보라를 바라보는 순간이 여간 행복하지 않았다."

작가는 그 집에서 아이들을 기르며 그림을 그리고 남편을 기다렸던 평범한 생활이 얼마나 행복했던 시절이었나를 말하고 있다.

1960~70년대 서민들이 살았던 서울 동네의 골목 안 풍경을 사

실적으로 묘사한 부분은 저절로 웃음이 나온다. 왜 그랬는지, 그때는 동네 아낙네들의 골목 안 싸움이 잦았다. 처음에는 사소한 언쟁으로 시작해서 나중에는 두발부리(머리털을 부여잡고 휘두르며 싸움)로 나뒹구는 진풍경도 심심찮게 볼 수 있었다.

밤눈이 내린 아침에 눈을 쓸려고 나오면 먼저 쓴 사람이 눈 찌꺼기를 다 자신의 집 앞으로 쌓아올려 이웃들과 실랑이를 벌인 일도 종종 있었고, 고물장사가 꽹과리를 치며 가위소리를 내면서 "고물 파시오" 하고 시끄럽게 굴어서 창문을 열고 항의를 했던 기억도 작가에게는 그리운 추억이 된 것이다.

"그 무렵 나는 남편하고 참 사이좋게 지냈었는데, 어느 눈 오는 밤 전화가 걸려왔다. 남편이 거나해가지고 5분 후에 합승에서 내릴 터이니까 아이들을 모조리 데리고 나오라는… 중략… 술이 취한 남편은 기분이 좋아가지고 집에까지 같이 춤을 추고 가자는 것이었다. 나는 아이들과 같이 남편을 따라 트위스트를 추면서 숨 가쁘게 눈보라치는 고갯길을 올라갔었다." 한 가정의 행복을 형상화한 이 장면은 단연 돋보인다. 내리는 눈의 축복을 받으며 그들 가족의 웃고 춤추며 즐거워하는 모습이 풍경화처럼 펼쳐진다.

천 화백은 이 글에서 '우리 집'이란 단어를 6번이나 반복했다. 그만큼 가족과 함께 살던 그 집으로 다시 돌아가고 싶은 간절한 염원을 나타낸 것이리라.

"나는 지금 인왕산이 내려다보이는 우리 집, 나를 기다리고 있는 내 화실이 그리워서 못 견디겠다." 마지막 결말부분이 절규처럼 들린다.

오늘 아침 나는 눈이 쌓여가는 창밖을 바라보며 그렇게 속절없이 우리 곁을 떠난 이 시대 천재 여성화가의 죽음을 깊이 애도하고 있다.

작품 감상

파리의 눈보라

천 경 자
(화가 · 1924~2015)

마로니에의 고엽(枯葉)이 아직 가지에 매달려 있는 무렵 서울은 첫눈이 내렸다는 소식을 받고, 나는 서울이 파리보다 훨씬 춥구나 했다.

서울의 우리 집은 작고 초라하지만 인왕산이 훤히 바라다 보여서 어느 누구의 저택 부럽지 않게 전망이 좋았다. 더구나 눈보라가 치는 날은 그 경치가 볼만 했다. 나는 석유난로에서 물 끓는 소리를 들으며 인왕산의 눈보라를 바라보는 순간이 여간 행복하지 않았다.

그 뭔지 아쉽고 초라한 생활 속에서 느끼는 감정은 비가 오나 눈이 오나 소녀의 꿈처럼 아름다움을 좇게 하는 것이었고 현실을 초월한 환상의 세계로 나를 몰고 가는 것이었다.

나는 그 속에서 아이들을 기르면서 그림을 그렸다. 사락사락 밤눈이 내려 쌓이는 소리와 함께 나는 수많은 세월의 눈 오는 밤에 잘 울었다. 홀로 눈물을 흘리고 있으면 응혈된 감정이 부드럽게 풀리기 때문이었다.

어느 날 아름다운 아침에 우리 앞집 가게 사람들과(우리 집 부근 산기슭에는 무허가 건물이 많았다.) 실랑이를 벌였던 일이 생각난다. 우리 집 사람들은 나무터 자기 일 외엔 게으른 편이어서 사립문 밖 눈을 쓸 시간이 늘 늦었었다. 눈을 쓸려고 나오면 앞집 가게 사람들이 벌써 자기 집 가게 앞만 쓸어 그 더러운 눈 찌꺼기를 우리 집 쪽에다 산더미처럼 쓸어 올려 버리는 것이다. 그런 일이 눈이 쌓인 아침마다 당하게 되니 늘 실랑이를 벌이곤 했었다.

그런 일이 아니더라도 동네 아낙네들은 저희들끼리 공연히 길바닥에 나와서 잘 싸웠고 고함을 질렀다. 게다가 날씨가 맑은 날은 고물장사가 꽹과리를 치고 시끄럽게 가위소리를 내면서 소리소리 질러 "고물 파시오" 하는 것이었다. 나는 그림을 그리다가 2층 창문을 와르르 열고 째려 내려다보는 등, 저항을 해보는 것이었지만 막무가내였다.

그래서 나는 비 오는 날과 눈 오는 날 더 일을 많이 하게 되었다. 날이 궂으면 모두 방안에 들어앉게 되므로 동네가 조용해지니까.

서울에 내린 한국의 눈은 희고 깨끗하고 아름다웠다. 아이스크림조차 먹기 힘든 동네 아이들은 눈뭉치를 먹는데, 그게 여간 풍류적으로 보였고 나 역시 입을 벌리고 하늘에서 내리는 시원한 눈을 받아먹었다. 인왕산 줄기 길이 뻗어 내린 우리 집 앞길은 아리랑 고개처럼 구부러져 있었다. 몇 해 전에는 구부러진 고갯길에 합승 종점이 있었다. 그 무렵 나는 남편하고 참 사이좋게 지냈었는데, 어느 눈 오는 밤 전화가 걸려왔다. 남편이 거나해 가지고 5분 후에 합승에서 내릴 터이니까 아이들을 모조리 데리고 마중 나오라는. 나는 춥고 귀찮기도 해서 투덜투덜하면서 아이들을 데리고 미끄러운 언덕길을 내려서 갔다. 그리고 합승 종점에서 떨면서 남편을 기다렸다. 술이 취한 남편은 기분이 좋아가지고 집에까지 같이 춤을 추고 가자는 것이었다. 나는 아이들과 같이 남편을 따라 트위스트를 추면서 숨 가쁘게 눈보라치는 고갯길을 올라갔었다.

지난날 파리에 밤눈이 내렸다는 소식을 들었지만 파리의 밤눈은 쌓이기도 전에 아침이 되면 녹아버리는 것 같다. 그런데 밤눈이 내렸다는 그 이튿

날 나는 아는 분을 따라 교회에 나갔다. 시내에는 쌓이지 않고 녹아버린 눈이 교외로 나갈수록 하얗게 쌓여 어느 거리에서는 아이들이 눈싸움을 하고 있었다. 내가 아는 분을 따라 간 곳은 어느 샤또(宮殿)였다.

나는 샤또의 이름도 알려고 하지 않고 마을의 이름도 묻지 않았다. 다만 마로니에의 숲 위가 진분홍빛 뽀얀 선을 두른 양 보여, 그게 뭔가 하면서 눈 덮인 자갈밭을 달그락 달그락 미끄럼 소리를 내면서 걷는 것이 재미있다고 느꼈다. 마로니에의 분홍빛 새 가지는 뭔지 겨울에 저항하면서 새봄을 피우는 전위대 같이 느껴지는 것이었다.

그 후 정말 파리에는 온종일 눈보라가 치고 지붕, 자동차, 가로수 위에 하얗게 눈이 쌓였다. 그날 나는 눈보라를 맞으며 꽃집에 가서 오렌지 빛 꽃을 한 묶음 사다 헌 오렌지 쥬스병에 꽂았다. 오렌지빛 꽃 너머 창밖에 휘몰아친 눈보라를 구경하고 있으니 웬일인지 2차 대전 시대의 어떤 추억이 노스탈쟈가 되어 노크해왔다. 추억이라고 했지만 어떤 아기자기한 사연이 있는 것도 아니고 어렴풋이 그 시대 내가 어디서 되게 휘몰아쳐 오는 눈보라를 보았다는 희미한 사연이었다. 파리의 눈보라는 서울의 눈보라보다 깨끗하지 않고 아름답지도 않은 것 같다. 찌꺽찌꺽하고 어쩐지 2차 대전 시대의 나치의 군화를 연상하게 하는 회색 눈 같은 인상인데 그게 싫었다.

파리는 눈이 쌓여도 눈을 쓸 필요도 없고, 눈 때문에 이웃과 실랑이를 벌일 일도 없다.

나는 지금 인왕산이 내려다보이는 우리 집, 나를 기다리고 있는 내 화실이 그리워서 못 견디겠다.

느티나무 아래서

이 지구상에 나무가 없다면 얼마나 삭막한 세상일까! 태고 이래로 인간은 나무와 더불어 살면서 그로부터 많은 혜택을 누리고 있다. 그러나 공기의 고마움을 모르듯 그 가치를 새기는 이는 별로 없다. 다행스럽게도 작가들이 관심을 보이며 나무에 대한 애정을 수필, 시, 소설 등으로 표현한 문학작품들은 이루 헤아릴 수 없이 많다. 나 역시 졸작 「사라진 나의 나무」 「젊은 느티나무」 「궁궐의 나무들」 등의 글에서 나무에 얽힌 연민에 대하여 수필쓰기를 시도했다.

수필 「보리」로 유명한 한흑구 선생의 「노목(老木)을 우러러보며」는 제목에서 보여주듯 인생을 달관한 노 작가가 나무와 사람의 늙어감을 비교, 관조한 수필이다.

한흑구 선생은 일찍이 독립운동가이며 재미 한인교회 목사인 아버지를 따라 미국에 유학하며 영문학을 전공하였다. 문학에 재능이 있는 그는 그곳에서 『대한민보』나 『동광』지에 여러 편의 시, 수필, 평론 등을 발표하며 문필가의 길을 다졌다.

본명이 한세광인 그는 미국으로 가는 배 위에서 한 마리의 검은 갈매기를 보며 자신의 신세와 같다고 여겨져 그의 필명을 흑구(黑鷗)라고 지었다고 한다.

바다를 좋아해서 말년에는 포항에 터를 잡고 포항수산대학 교수로 재직하며 수필가, 문학평론가 특히 번역문학가로도 활발한 활동을 하였다. 시 40편, 소설 15편, 수필 27편 그 외에 다수의 문학평론, 번역 작품이 있음에도 수필 「보리」의 작가로만 부각된 것은 그에 대한 평가가 다소 미흡한 점이 없지 않다. 그의 작품은 대부분 자연을 소재로 한 서정적이고 산문시적 구성으로 생명의 존엄성과 인간의 겸손을 강조한 진실추구에 있다.

"나는 오늘 보경사(寶鏡寺) 앞뜰에 앉아서 하늘 높이 솟아오른 느티나무 노목(老木) 하나를 쳐다본다." 이렇게 시작되는 본문에서 작가가 자연을 대할 때의 겸손한 모습이 그 행간에서 그려진다. 500년 된 느티나무 아래서 인간은 얼마나 왜소한 존재인가! 이 오래된 느티나무는 5세기가 넘는 세월의 풍상에 때로는 큰 번개를 맞아 가지가 찢기고 떨어져 나가고, 고목 기둥에는 여기저기 시커멓게 구멍이 뚫어져 있으나 구멍으로는 다람쥐가 드나들고, 소슬바람에는 신비스러운 음악 소리를 내며, 뙤약볕에서는 서늘한 그늘로 덮어준다. 이렇게 늙어서도 자신의 모든 것을 내어준다. 그러나 "사람은 늙어서 왜 그런 신비력을 가질 수 있게 태어나지 못했을까." 하고 자문한다. 미국의 서북부에는 오천년이 넘는 노목도 많으나, 100년을 넘기기 힘든 사람은 노쇠하면 아무 쓸모가 없이 오히려 남에게 짐만 된다는 사실에 작가는 나무가 무한히 부러울 뿐이다.

최근 자연사랑 문학제에 참가하여 한 나무연구가의 강연에서 실로 감동적인 나무이야기를 들었다. 이름의 어감이 좋아서인지 시인의 시에 오르내려 유명해진 물푸레나무(水青木) - 그 뜻은 물을 푸르게 하는 나무라는 뜻이라고 한다. 그 나무는 결이 곱고 단단하여 우리의 가재도구를 만드는데 많이 소용되는 바람에 미처 자랄 새가 없이 잘라버려서 150년 이상 된 나무가 없었다.

그러나 최근 뜻밖에도 경기도 화성 서신면 전곡리에서 300년 된 물푸레나무가 발견되었다. 너무도 드문 일이라 문화재 제정 신청을 서둘렀다. 검증을 위해 많은 사람들이 관심을 보이며 찾아오자 이 나무가 처음으로 꽃을 피웠다고 한다. 그 후 2006년 4월에 문화재로 제정하기로 결정이 나자 나무는 또 한 번 꽃을 피워 화답하였다는 것이다. 프랑스의 수목학자 '자크 브로스'는 "나무에도 영혼이 있어 특정한 기억능력이 동반된 감성이 존재한다."는 이론을 발표하였는데 과연 맞는 말인지도 모른다.

어려서부터 나무를 좋아해서 오월이면 아카시아 꽃그늘, 유월이면 밤꽃 피는 밤나무 그늘 아래서 유명한 시인의 시를 줄줄이 외울 정도로 읽으며 미래의 꿈을 키웠던 작가가 노년에 접어들어 고향의 옛 나무들을 회상하는 모습에 가슴이 찡하다.

"어린 나무에게서는 찾아볼 수도 없는 이 거칠고, 꽉꽉한 껍데기들은 이 늙은 나무의 괴로움과 슬픔의 정이 솟구쳐 나와서 말라붙은 흔적이나 허물이 아닌지.” 이런 상념에 잠겨서 일종의 외경심(畏敬心) 마저 느끼며 절 앞뜰의 늙은 느티나무를 한없이 우러러보는 작가의 모습이 한 장의 사진처럼 가슴에 남는 잔잔한 수필이다.

노목(老木)을 우러러보며

한 흑 구

(소설가 · 수필가 1909~1979)

나는 오늘 보경사(寶鏡寺) 앞뜰에 앉아서 하늘 높이 솟아오른 느티나무 노목 하나를 쳐다본다. 오백 년이나 넘어 살았다는 이 노목은 시간과 공간의 제한을 모르는 듯이 상하좌우로 확 퍼져 올라섰다.

그러나, 지금 이 노목은 검푸른 그늘을 새파란 잔디 위에 드리우고 있지만, 그 다섯 세기의 길고 오랜 세월을 지니고 있으면서도, 그 넓은 허공에 조그마한 한 점의 공간을 차지할 수밖에 없다는 것은 어딘가 이상스럽기도 하다.

한때, 큰 번개에 맞아서 찢어졌다는 큰 가지 하나가 떨어져 나간 부분에는 크고 기다란 구멍이 뚫어져 있다. 이 늙은 나무 속에는 얼마나 많은 구멍들이 아래위로 뚫어져 있는지는 알 수 없으나, 겉으로 보기에도 큰 구렁이들이 얼마든지 드나들기에 충분하다. 구렁이들이 살지 않는다면, 달밤마다 꿀밤을 주워 먹는 다람쥐들이 몇 가족이라도 숨어서 살 수 있을 만하다. 달 밝은, 고요한 가을밤에 한 가락 실바람이 불어오면, 저 노목은 콧구멍도 입구멍도 아닌 저 큰 구멍으로 한 가락 신비로운 소리로 슬픈 노래라도 부를 것 같다.

'나무는 늙어도 재목으로 쓰이지만, 사람은 늙어지면 아무 쓸모가 없어진다.' 이러한 말을 나는 들었다. 그러나 베이컨(Bacon)은 늙은 것, 오래된 것을 좋다고 주장하였다.

Old wood best to burn, old wine to drink, old friends to trust, and old authors to read.(고목은 불을 때기에 좋고, 오래 묵은 술은 마시기에 좋고, 오랜 친구는 믿을 수 있고, 노련한 작가는 읽을 만하다.)

이 말의 참뜻은, 시간의 흐름에서 오래도록 늙고 낡아진 것을 뜻함이 아니고, 그 오랜 시간을 시련과 곤고(困苦)에서 이겨나서 숙달되고, 노련해진 것을 뜻하는 말인 것이다. 나는 묵묵히 앉아서 이 구멍이 뚫어지고, 가지들이 땅으로 처져서 한편으로 쓰러질 듯이 기우뚱한 큰 노목을 한참 동안이나 쳐다본다.

구부러진 가는 가지마다가 얼마나 많은 비바람에 휘갈김을 견디어냈으며 얼마나 많은 찬 서리에 굵은 가지들이 울룩불룩한 가죽과 같은 껍데기로써 씌워졌을까.

어린 나무에게서는 찾아볼 수도 없는 이 거칠고, 꽉꽉한 껍데기들은 이 늙은 나무의 괴로움과 슬픔의 정(情)이 솟구쳐 나와서 말라붙은 흔적이나 허물이 아닌지. 이러한 상념에 잠겨서, 나는 이 늙은 나무의 모양을 우러러 보면서, 나 자신이 걸어온 길을 가만히 더듬어 보기도 한다.

나는 어려서부터 나무를 좋아했다.

오월이면 꿀 냄새가 풍기는 아카시아꽃들을 따서 먹기를 좋아했다.

유월이면 꽃이 피는 밤나무 그늘 아래서 안서(岸曙)의 시집 『해파리의 노래』와 주요한의 시집 『아름다운 새벽』을 몇 번이고 줄줄 외기도 했다.

버드나무 꼭대기에 올라가서 나의 이름 석 자를 칼로 새겨놓고, 그것이 해마다 나무와 함께 커가는 것을 보면서 기특하게 생각하기도 했다. 지금도 고향에 돌아가면 그 버드나무가 살아있을까, 육십이 넘은 오늘까지도 가끔 생각해 본다.

나무는 오랫동안 산다. 우리나라에도 천 년이 넘은 노목거수(老木巨樹)가 있지만, 미국의 서북부에는 오천년이 넘는 노목이 많다는 것이 나무의 나이테와 함께 기록되어 있다. 나무는 한곳에 가만히 서서도 오랜 세월을 살지만, 사람은 이곳저곳 떠다니면서 별별 것을 다 찾아먹으면서도 백 년을 살기가 힘이 든다.

사람도 육십이 넘으면, 노목의 껍데기마냥 피부에 이상한 증상이 나타나기 시작한다. 손잔등은 거칠어지고, 검은 티들이 덮이고, 얼굴엔 검은 주근깨들과 검버섯들이 돋고, 어깨와 잔등에도 많은 주근깨와 반점이 덮인다.

그뿐인가. 폐를 앓았던 나의 허파에는 구멍이 뚫어졌던 곳도 있을 것이고, 지독한 파스와 아이나의 복용으로 위장은 헐고 나른해졌을 것이다.

저 노목은 그의 구멍 속으로 다람쥐들이 드나들어도 끄떡없고, 소슬바람에는 신비스러운 음악 소리를 내고, 해가 쪼이는 뙤약볕에서는 서늘한 그늘을 덮어줄 수도 있지만 사람은 늙어서도 왜 그러한 신비력을 가질 수 있게 태어나지 못하였을까. 이제, 나의 몸속에서 이름도 모를, 눈에도 보이지 않는 벌레들이, 나의 오장육부를 쑤시어 먹는 날에는, 나는 저 노목과 같이, 푸른 잎도, 가지도, 꽃도, 열매도 맺어보지 못하고 죽어야 하지 않는가.

나는 다시 한 번 저 노목을 우러러본다.

시간의 흐름을 탓하고, 운명의 슬픔을 아프게 생각하는 것보다도, 나는 저 노목이 아무 말도 없이 높이 서있으면서, 다만, 그늘만을 잔디 위에 덮어주는 하나의 사명만을 갖고 있다는 사실을 부러워하지 않을 수 없다.

나도 죽고 저 노목도 언젠가는 다 죽어야 한다. 그러나 저 노목은 다 썩어서 구멍이 뚫리고, 다람쥐가 드나들어도, 그냥 속임수 하나도 없이 서늘한 그늘만 드리우는 사명 하나만을 갖고서도 저렇게 오래 살 수가 있다.

그러한 저 노목이 나는 자꾸만 쳐다보이고 우러러보인다.

나는 일종의 외경심(畏敬心)마저 느껴본다.

그리운 이름 전혜린!

- 그리고 아무 말도 하지 않았다

총명하여 총명하여
불구슬처럼
빛나고 아프던 눈망울이여
그대 눈망울이여
아침 날빛에
저녁 으스름에 되살아나는
영 못 잊을 눈망울이여

시인 김남조 선생이 전혜린의 영전에 바친 조시(弔詩)의 일부분이다. 그녀가 우리 곁을 떠난 지 어언 반세기가 흐른 지금도 그날을 떠올리면 마음이 아프다. 내가 비보를 접한 때는 대학 2학년 겨울방학, 춥고 흰 눈발이 날리는 어느 회색의 날이었다.

놀라운 천재성과 뛰어난 감수성으로 법학을 하다 문학, 철학으로 진로를 바꾼 그녀는 독일 유학에서 돌아와 번뜩이는 지성과 카리스마로 대학 강단에 섰고, 번역, 평론, 수필로 독자들의 문학적 감성을 자극했다. 그 당시 문학도라면 누구나 그녀의 지성과 재능, 그리고 젊음을 부러워했다.

서른한 살 짧은 생을 불꽃같이 살다 간 그녀, 짧지만 그 생(生)은 순간순간이 충만하고 완벽한 삶이었으리라 생각된다. 평생 살아도 못 이룰 꿈을 이른 나이에 이루었기에 말이다.

「먼 곳에의 그리움」은 수필집 『그리고 아무 말도 하지 않았다』에 실린 짧지만 강렬한 인상의 수필로 전혜린의 사유와 열정이 이 한 편에 함축적으로 잘 나타나 있다.

"나는 새해가 올 때마다 기도드린다. 나에게 무슨 일이 일어나게 해 달라고…." "아름다운 꿈을 꿀 수 있는 특권이야말로 언제나 새해가 우리에게 주는 아마 유일의 선물이 아닌가, 나는 생각해 본다."

이제 또 한 해가 저물어 가고 있다. 새해가 되면 누구나 새로운 꿈을 설계하고 옷깃을 여미며 각오를 새롭게 할 것이다. 그러나 범상치 않은 천재 전혜린의 꿈은 너무나 멀고 우리가 이해할 수 없는 세계 밖의 것이었다.

"내 혈관 속에서 어쩌면 집시의 피가 한 방울 섞여 있을지도 모른다고 혼자 공상해 보고 웃기도 한다."고 고백한 그녀는, 아마도 영원한 보헤미안의 꿈을 꾸었을까! 귀국해서도 유학 시절 머물렀던 독일 뮌헨의 슈바빙 거리를 그토록 그리워했고, 어디론 가의 떠남을 끊임없이 갈망했다. 그 크고 깊은 눈망울만큼이나, 세속을 벗어나 넓고 자유로운 삶을 동경했고, 좀 더 멀리, 아무도 모르는 미지의 세계로 향하고 싶은 'Fernweh(먼 곳을 그리워하는 마음)'의 꿈을 버리지 못했다. 그리운 것은 먼 곳에 있다. 시, 공간적으로 모두 먼 곳일수록 가까이 다가갈 수가 없다. 그러므로 「먼 곳에의 그리움」이란 제목부터가 왠지 공허하고 쓸쓸하다. 그녀는 왜 그렇게 서둘러 우리 곁을 떠났을까! 나는 최근 그녀의 일기에서 죽음을 예시하는 부분을 여러 군데서 발견했다.

"인생이란 고되고 이익 없는 일만으로 이루어지고, 최후의 휴식을 주는 죽음에 이르기까지 오래오래 발을 끌며 걸어야만 하는 잿빛의 암담한 풍경처럼 나에게는 보였다. 좀 신경과민이다. 아마도 신체적 상태 때문에…. 내 자신이 텅 빈 느낌이다."

"신이여, 내가 더 살아내기를 바라게 구원 하소서. 제발 나에게 생애의 의지와 욕망을 베풀어 주옵소서."

"의지 없이 존재할 뿐인 하나의 돌, 혹은 나무에서 떨어진 하나의 잎사귀가 나다."

그 당시 남다른 이력으로 누구에게나 선망의 대상이었던 그녀가 내면으로는 그토록 절대 고독의 존재였다는 것을 세인들은 누가 상상이나 했으랴!

독일 유학을 떠날 때 '출발을 위해서 출발하는 것'이라던 그녀, 어느 날, 먼 우주 속으로 떠나버린 것은 또 다른 미지의 세계로의 영원한 출발이었나!

전혜린! 멀리 있기에 더욱 그리운 이름이다.

먼 곳에의 그리움

전혜린

(수필가 · 1934~1965)

그것이 헛된 일임을 안다.

그러나 동경과 기대 없이 살 수 있는 사람이 있을까? 무너져 버린 뒤에도 그리움은 슬픈 아름다움을 지니고 있다.

나는 새해가 올 때마다 기도 드린다. 나에게 무슨 일이 일어나게 해 달라고……. 어떤 엄청난 일, 무시무시하도록 나를 압도시키는 일, 매혹하는 일, 한마디로 '기적'이 일어날 것을 나는 기대하고 있다. 올해도 마찬가지다. 모험 끝에는 허망이, 여행 끝에는 피곤만이 기다리고 있는 줄은 잘 안다.

그리움과 먼 곳으로 훌훌 떠나 버리고 싶은 갈망, 비하만의 시구(詩句)처럼 '식탁을 털고 나부끼는 머리를 하고' 아무 곳이나 떠나고 싶은 것이다. 먼 곳에의 그리움(Fernweh)! 모르는 얼굴과 마음과 언어 사이에서 혼자이고 싶은 마음! 텅 빈 위(胃)와 향수를 안고 돌로 포장된 음습한 길을 거닐고 싶은 욕망, 아무튼 낯익은 곳이 아닌 다른 곳, 모르는 곳에 존재하고 싶은 욕구가 항상 나에게는 있다.

포장마차를 타고 일생을 전전하고 사는 집시의 생활이 나에게는 가끔 이상적인 것으로 생각된다. 노래와 모닥불가의 춤과 사랑과 점치는 일로 보내는 짧은 생활, 짧은 생, 내 혈관 속에서 어쩌면 집시의 피가 한 방울 섞여 있을지도 모른다고 혼자 공상해 보고 웃기도 한다.

내 영혼에 언제나 고여 있는 이 그리움의 샘을 올해는 몇 개월 아니, 몇 주일 동안만이라도 채우고 싶다. 너무나 막연한 설계 - 아니 오히려 '반설계(反設計)'라는 편이 나을 것이다.

그러나 모든 플랜은 그것이 미래의 불확실한 신비에 속해 있을 때만 찬란한 것이 아닐까? 이루어짐 같은 게 무슨 상관 있으리요? 동경의 지속 속에서 나는 내 생명의 연소를 보고 그 불길이 타오르는 순간만으로 메워진 삶을 내년에도 설계하려는 것이다.

아름다운 꿈을 꿀 수 있는 특권이야말로 언제나 새해가 우리에게 주는 아마 유일의 선물이 아닌가 나는 생각해 본다.

정채봉 「스무 살 어머니」

가슴 절절한 사모곡

시인이며 동화작가인 정채봉 선생의 수필 「스무 살 어머니」를 처음 읽고 쉬이 책장을 덮을 수가 없던 나는 눈시울을 적셔가며 몇 번이고 다시 읽었다.

일찍이 그의 서정적인 문체와 스토리 구성은 동화, 수필 등에서 많은 감성적인 독자들에게 인기가 높았다. 특히 '어른들을 위한 동화'라는 장르를 개척하여 각박한 세상에서 잠시 동심으로 돌아갈 수 있는 문학세계를 열어 준 그의 공로를 크게 사고 싶다.

그는 「오세암」 등 다수의 인기 동화와 한 권의 시집 11권의 에세이집을 남겼으며, 오랫동안 샘터사 편집장을 지내 독자들에게 친근한 작가이다.

수필 「스무 살 어머니」는 "열일곱에 시집와서 열여덟에 나를 낳고 꽃다운 스무 살에 이 세상살이를 마치신 우리 어머니" 그 어머니를 그리는 절절한 사모곡이다.

"바닷바람에 묻어오는 해송(海松) 타는 내음, 고향의 그 내음이 어머니의 모습을 아련히 보이게 한 날을 기억한다."

인간의 오감 중 후각은 미각과 함께 가장 원초적 본능에 가깝다. 그러기에 후각은 의식하지 못하는 가장 어린 날을 기억나게 하는 것인지도 모른다. 3살 때 돌아가신 어머니의 흔적을 알 수 있는 길은 할머니나 고모에게서 전해들은 몇 마디 말이 전부였다. 선생은 그 말을 소중히 간직하고 반추해보며 평생 어머니를 가슴에 묻고 살았으리라.

"허긴 너의 외가 가는 길이 솔밭길이긴 하다. 솔띠재라는… 너를 업고 네 에미가 친정을 몇 번 다녔으니 그 솔 냄새가 너의 모자한테 은연중에 배었을지도 모를 일이지."

아들이 너무 어려 엄마 소리도 못 들어보고 하늘의 별이 된 어머니, 삼촌들이 형수라고 부르니까 덩달아서 "형수 젖!" 했다는 말을 할머니에게서 전해들은 선생은 그 소리를 듣고 피식 웃었다고 했으나 그것은 '울음보다도 짙은 회한'이었다고 술회한다.

나는 분꽃향기로 나의 어머니를 추억한다. 지금도 석양이 드리울 보리저녁나절, 분꽃이 환하게 피어나면, 돌아가신 어머니의 환영이 더욱 선명하게 떠오른다. 전쟁의 와중에 잠깐 어머니와 떨어져 외할머니 댁에서 지냈던 어린 시절, 어느 날 그렇게 기다리던 엄마가 오셨다. 달려가 품에 안겼을 때, 하얀 옥양목 저고리에 꽃무늬가 놓인 포플린 치마를 받쳐 입은 고운 모습에서 분꽃 향기가 은은하게 풍겨왔다. 마침 뜰 앞 화단에는 색색가지 분꽃이 흐드러지게 피어있었다.

내 어머니는 지금도 이렇게 분꽃 향기로 가슴에 남아있다.

서른한 살에 얻은 첫아이가 너무 귀여워서 입을 맞추다 말고 문득 해송 타는 내음을 느꼈다는 선생은 그제야 스무 살 어머니의 깊은 마음을 헤아린다. 층층시하에서 살던 어머니가 아이가 울어도 얼른 달려가지 못하고 '누가 볼까봐 내 어린 뺨에 볼 한 번 비비는 것도 참 어려웠던 어머니'였다. 물론 시대가 달라졌지만 요즘 젊은 엄마들이 시부모 앞에서 제 아이를 나무라고 때리는 일이나, 마음대로 애정을 표시하는 일들이 예전에는 버릇없는 행동이라 여겼었다. 세 살 아들을 두고 떠나야 할 병약한 그 어머니는 생전에 가엾은 아들을 품에서 한 시라도 놓고 싶지 않았으리라. 그러나 시댁 눈치 보느라 내색 않던 속 깊은 어머니이셨다.

이 수필의 백미는 작가의 상상력(Imagenation)이다.

"그때 문득 내 앞에 환상의 지구역(地球驛)이 떠올랐다. 순간마다 무수한 사람들이 떠나가고 대신 어린 아기들이 태어나는 곳, 떠나는 늙은 분들 틈에 끼어 앉았을 스무 살의 우리 어머니…"

하늘에서 지상으로 내려오는 생명과 하늘나라로 돌아가는 영혼들이 갈아타는 지구역이 우주 공간 어디쯤에 있을 거라고 가정한 작가의 상상력이 놀랍다. 수필에서의 상상(想像)은 이렇게 글의 완성도를 좌우할 수 있다는 것을 새삼 깨닫게 된다.

'쪽을 찌고(결혼을 상징) 하늘나라로 돌아가는 대열에 앉은 젊은 여인을 보고, 남겨 놓고 가는 아이가 없느냐고 물어서 울린 사람은 없었을까' 생전에 여린 심성의 선생의 모습을 떠올리며 이 구절을 쓸 때 얼마나 많은 통한의 눈물을 흘리셨을까 생각해 본다.

"어머니는, 하얀 박 속 같은 어머니는 그 앳됨 그대로를 지니고 사진틀 속에서 당신보다 더 늙어가는 아들을 말없이 내려다보고 계신다."

2001년, 간암 수술 후 투병 중에 어머니를 그리워하며 마지막으로 「엄마가 휴가를 나온다면」이란, 심금을 울리는 명시를 남기고 향년 55세, 많지 않은 나이에 선생은 그렇게도 그리던 어머니 곁으로 돌아가셨다.

하늘나라에 가 계시는
엄마가
하루 휴가를 얻어 오신다면
아니 아니 아니 아니
반나절 반시간도 안 된다면
단 5분
그래, 5분만 온대도 나는
원이 없겠다
얼른 엄마 품속에 들어가
엄마와 눈맞춤을 하고
젖가슴을 만지고
그리고 한번만이라도
엄마! 하고 소리 내어 불러보고
숨겨놓은 세상사 중
딱 한 가지 억울했던 그 일을 일러바치고
엉엉 울겠다.

스무 살 어머니

정 채 봉
(아동문학가 · 1946~2001)

회사에 여고를 갓 졸업한 신입사원이 들어왔다. 키도 작고 얼굴도 복숭아처럼 보송송하다. 어쩌다 사원들끼리 우스갯소리라도 하면 뺨에 먼저 꽃물이 번진다. 한 번은 실수한 일이 있어서 나무랐더니 금방 눈물을 방울방울 떨어뜨렸다.

"우유를 더 좀 먹어야겠군."

혼잣말을 하면서 돌아서다 말고 물어 보았다.

"올해 몇 살이지?"

그러자 신입사원은 손수건으로 눈 밑을 누르면서 가만가만히 대답하였다.

"스무 살이예요."

소녀에서 성인으로 턱걸이를 하는 저 나이, 무엇이거나 그저 우습고 부끄럽기만 한 저 시절, 나는 문득 돌아가신 어머니가 생각키웠다. 우리 어머니가 하늘의 별로 돌아가신 나이가 바로 저 스무 살이었던 것이다. 열일곱에 시집와서 열여덟에 나를 낳고 꽃다운 스무 살에 이 세상살이를 마치신 우리 어머니, 그렇기 때문에 나는 어머니의 얼굴을 모른다. 그러나 어머니 얼굴은 기억하지 못해도 어머니의 내음은 때때로 떠오르곤 한다.

바닷바람에 묻어오는 해송 타는 내음. 고향의 그 내음이 어머니의 모습을 아련히 보이게 한 날을 기억한다. 유년시절, 눈발이 희끗희끗 날리던 날이었다. 이웃 민주네 할아버지한테서 「장화홍련전」을 들었다. 이야기가 끝나서 나오니 저녁밥 짓는 연기가 골목을 자욱이 덮고 있었다.

먼 바다 쪽으로부터 물새 울음소리가 들려왔다. 처음으로 어머니가 보고 싶었다. 돌을 차면서 집으로 돌아왔다. 집에서는 할머니가 군불을 때고 있었다. 부엌 문설주에 기대 서 있는데 해송 타는 연기가 자꾸 나한테로 만 몰려들었다. 그때 기침을 하면서 눈을 비비며 서 있는 내 앞에 막연히 어머니의 모습이 다가오다가는 사라졌다. 해송 타는 연기와 함께.

그 뒤부터 어머니가 보고 싶을 때면 해송 타는 내음이 생각키웠다. 해송 타는 내음을 만날 때면 어머니가 조용히 떠올랐다.

중학생이 되고 2학기가 시작된 9월 어느 날이었다. 들녘에 나가서 토끼풀을 뜯어 가지고 돌아오니 이불 홑청을 깁고 있던 할머니가 나를 불렀다.

"너 없는 사이에 너그 담임선생님이 다녀가셨다. 작문 시간에 '어머니 냄새'라는 제목으로 글을 지었다면서?"

나는 고개를 저어 보였다. 그러나 할머니는 나를 보고 있지 않았다. 바늘귀에 실을 꿸 양으로 계속 거기만 주시하면서 말을 이었다.

"이상한 일이다. 해송 타는 냄새에 네 에미가 떠오르다니…"

허긴 너의 외가 가는 길이 솔밭길이긴 하다. 솔띠재라는, 아름드리 소나무가 꽉 찬 고개를 넘어야 했거든. 너를 업고 네 에미가 친정을 몇 번 다녔으니 그 솔 냄새가 너의 모자한테 은연중에 배었을지도 모를 일이지… 네 에미 얼굴을 보여주랴?"

할머니는 일어나서 장롱 위에 있는 부담을 끌어 내렸다. 그때 할머니가 뚜껑을 열어 보여 준 그 부담 속에는 여러 벌의 여자 옷이 있었다. 남치마며 인조 저고리며 단속곳이며, 그리고 색이 바래지 않은 흉배도 있었고 나막신도 있었다. 나는 부담 위 맨 아래에서 한지로 싸여 있는 사진을 보았다. 그 사진 속의 어머니는 내게 참으로, 참으로 여리다는 느낌을 주는 얼굴이었다. 둥근 턱에 솔순 같은 눈, 바람받이에 있는 해송 같은 낮은 코에 작은 입, 정말 멍이 든 데라곤 어디 하나 보이지 않는, 하얀 박속같은 여인이었다.

"네 에미는 너한테서 엄마라는 말도 한번 들어 보지 못하고 죽었다."

"세 살이었다면서 내가 그렇게 말이 늦었던가요?"

"아니지, 너의 삼촌들이 형수라고 부르니까 너도 덩달아서 형수라고 했어. 형수 젖, 형수 물 하고…" 나는 피식 웃었다. 그러나 그것은 울음보다도 짙은 회한의 것이었다.

그때 문득 내 앞에 환상의 지구역(地球驛)이 떠올랐다. 순간마다 무수한 사람들이 떠나가고 대신 어린 아기들이 내려오는 곳. 떠나는 늙은 분들 틈에 끼어 앉았을 스무 살의 우리 어머니…. 쪽찐 머리를 보고 혹시 남겨 놓고 가는 아이가 없느냐고 물어서 울린 사람은 없었을까.

서른한 살 때 나는 아이 하나를 얻었다. 아이는 우리가 낯선 듯 처음엔 울고 보채기만 하더니 예닐곱 달이 되면서부터는 이쁜 짓을 하기 시작했다. 우스운 일이 하나 없는데도 괜히 저 혼자 방글거리곤 했다. 나는 그러는 아이가 귀여워서 입을 맞추다 말고 해송 타는 내음을 느꼈다. 언젠가 고모가 한 말이 환청처럼 살아났다.

"네 어미처럼 무심한 여자는 드물 것이다. 네가 배고파서 울어도 좀체 젖 줄 생각을 안 하는 거야. 보다 못해 우리가 재촉하면 그때서야 일손을 놓고 가서 젖 한 모금 찔끔 주고 금방 돌아오곤 했단다."

그제야 비로소 스무 살 우리 어머니의 깊은 마음을 짚었다. 아이 우는 소리에 차지 않을 어머니 속이 어디 있을까. 그러나 달려오고 싶은 마음보다도 시누이들한테 눈치 보일까봐 자리를 얼른 뜨지 못했을 우리 어머니. 아무리 울보라고 소문난 나였대도 때로는 어머니 품에서 웃어 보이기도 하였을 것이다. 그러나 누가 볼까 봐 내 어린 뺨에 볼 한 번 비비는 것도 우리 어머니는 참 어려웠으리라.

어머니는 하얀 박속같은 스무 살 우리 어머니는 그 앳됨 그대로를 지니고 사진틀 속에서 당신보다 더 늙어가는 아들을 말없이 내려다보고 계신다.

풋콩에서와 같은 비린내 나는 부름이 들릴 듯도 한데….

그러나 이제는 해송 타는 내음마저도 점점 엷어져 가는 것 같아 나는 참 가슴이 아프다.

모든 문학작품의 기본은 서정성

모든 문학작품의 기본은 서정성이다.

목성균! 그의 수필은 지극히 향토적이며 서정적이다.

선생의 작품 속을 흐르는 서정(抒情)은 되뇌일수록 한국인의 정서에 맞는 질박함이 우러나오는 깊은 우물과 같은 것이다. 또한 그의 토속어의 활용과 삶의 현장에서 우러나오는 적절한 비유는 기막히게 탁월하다.

> 여름내 비워 두었던 아궁이에 불을 지피는 일은 수월한 일이 아니다. 눅눅한 아궁이는 잠 트집하는 갓난아기 어미 젖꼭지 뱉어 내듯 불길을 내뱉고 빨아들이지를 않는다. 어머니가 갓난아기 달래듯 콧물 눈물을 흘리시며 아궁이를 들여다보고 불을 불어서 아궁이가 달래져야 비로소 불길은 불목을 넘어간다. 그러면 컴컴하던 아궁이가 환해지고 차가운 새벽공기에 언 어머니의 앞가슴이 따뜻하게 더워진다. 그때 한세월의 만감이 눈 녹듯 스러지고….

이런 정서를, '여름내 비워 두었던 눅눅한 아궁이에' 불을 지펴 보지 않은 요즘 사람들은 알 리가 없다. 그것은 수천 년 동안 이어온 우리 어머니들의 삶의 일부분이었다.

"알밤 빠지는 소리는 마음이 조용히 머물러 있어야 들린다. 마음이 분방한 철없는 시절에는 못 듣는다."라는 말은 철이 들어 세상 문리(文理)를 알아갈 때 비로소 작은 소리에도 귀 기울일 줄 알게 된다는 의미부여(意味附與)가 아닐까!

그는 말하기를 '추억이란 단순한 그리움이 아니라 신산(辛酸)했던 우리들의 삶을 지탱하는 힘이 된다.'라고 했다. 작가의 고향집 뒤곁에 있는 올밤나무 한 그루를 추억하며 그의 어린 시절 할머니, 어머니와 아버지, 동네 아이들과의 연결고리를 만들어낸 분위기와, 스토리를 이어가는 문학적 묘사는 독자를 감명시킨다.

결말에 선생은 자신의 인생도 이제는 남이 주워들고 고마워할 올찬 알밤 열매 하나쯤은 떨어뜨려야 될 텐데, 부실한 쭉정이만 파란 가을 하늘로 뻗은 가지 끝에 매달고 있다고 술회한다. 그러나 그는 올찬 알밤과 같은 수필의 열매를 맺어 많은 후학들의 귀감이 되었을 뿐 아니라 수필문학의 정석(定石)을 제시하였다. 2004년 66세의 많지 않은 나이에 일찍 세상을 떠나셨으니 애석한 일이다.

누구나 명절이 돌아오면 고향과 가족을 생각한다. 그것은 우리 삶의 뿌리이기 때문일 것이다. 알밤이 떨어지고 추석명절과 함께 가을이 깊어가는 이 계절에 다시 한 번 읽고 싶은 명수필이다.

알밤 빠지는 소리

목성균

(수필가 · 1938~2004)

우리 집 뒤꼍에 추석 무렵 아람이 버는 올밤나무가 한 그루 있었다.

알밤 빠지는 소리는 작다. 마음이 조용히 머물러 있어야 들린다. 그래서 마음이 분방한 철없는 시절에는 못 듣는다. 할머니 말마따나 철이 나야 들린다.

어느 가을날 마루에 걸터앉아서 파랗게 깊어진 하늘을 발견하고 "아 -, 가을이구나." 하고 숨을 죽이는데 그 소리가 들렸다. 나는 감동해서 알밤이 빠진다고 소릴 질렀다. 할머니가 알밤 빠지는 소리가 들리느냐고 하시며 퍽 대견해하시는 어조로 "철났네." 하셨다.

고향 생각 중에서 알밤 빠지는 소리가 차지하는 자리는 확고하다. 마지막 태풍이 지나가고 청명한 하늘이 열린 어느 날, 문득 불쾌지수가 걷힌 상큼한 바람 한 점이 폭염에 지친 거칠고 야윈 볼을 스치면 그 삽상하고 청량한 소리가 도시의 소음 속에서도 내 가슴으로 떨어져 오는 것이다.

내 고향집은 동향이라 아침 햇살이 참 좋았다. 초가을날 아침 해가 앞산 위로 불끈 치솟으면 햇살이 해일처럼 안방에 가득 찼다. 그러면 추석을 쇠려고 새로 바른 눈같이 흰 문창호지가 장구 틀에 메운 새 가죽처럼 팽팽해졌다. 아침밥을 잦힌 온기로 방안은 따뜻하고 추석두부를 한 비지를 띄우는 쿨키한 냄새가 방안에 가득했다. 가끔 부엌에서 달그락거리는 기명(器皿)소리가 들릴 뿐 더없이 조용하고 평온한 가을 아침, 나는 눈을 감고 눈까풀에 내려앉는 햇살의 간지러움에 온몸을 맡기고 가만히 앉아 있었다. 할머니는 목화송이를 매만지고 계셨을 것이다. 그때 알밤 빠지는 소리를 들을 수 있었다. 처음 그 소리를 들었을 때의 청량감을 나는 잊을 수 없다. "툭-,투-투-투-."

처음 '툭-' 하는 소리는 조금 크고 둔탁하다. 그리고 이어지는 '투-투-투-' 하는 소리는 지극히 삽상하고 리드미컬하다. 첫소리는 밤송이에서 빠진 알밤이 처음 이파리에 부딪치는 소리고 이어서 들리는 소리는 이파리들을 훑치며 떨어지는 소리다. 알밤이 빠지는 소리는 처음 메운 장구를 조심스럽게 쳐 본 소리처럼 새로 바른 팽팽한 방문 창호지에 공명했다. 아주 작은 소리였지만 가을 새벽 공기를 가르면서 떨어지는 작은 중량의 가속음(加速音)이 의외로 내 마음을 크게 울렸다. 체적에 비해서 큰 데시벨의 알밤 빠지는 소리는 좀 당돌하고 교만스럽다는 느낌을 주었으나 불쾌하지는 않았다. 실과라면 당연히 낼 소리로 받아들여졌다. 소리에 대한 내 마음의 수용력은 설익은 마음이 비로소 익어서 아람이 번 때문일지도 모른다.

알밤 빠지는 소리는 여운이 깊다. 집에 아무도 없는 가을 한나절, 나는 툇마루에 앉아서 알밤 빠지는 소리를 들어보았는데 그것은 내가 경험해 본 평안 중에서 가장 확실한 것이었다. 알밤 빠지는 소리가 뚝 떨어지고 나면 가을은 한층 깊고 조용해졌다.

"툭-, 투-투-투-."

그 소리를 듣고 밤나무 밑에 가면 참기름을 바른 것처럼 윤기가 도는 갈색 각질의 열매가 깨끗이 풀을 베어 놓은 땅바닥에 떨어져 있었다. 알밤이었다. 그 무게를 집어 들면 소년의 순수한 탐욕이 손끝에서 바르르 떨렸다.

아버지는 아람이 벌 무렵 밤나무 밑의 풀숲을 산소 벌초하듯 깨끗이 베었다. 그건 비단 알밤을 줍기 위한 일로만 여길 게 아니었다. 타작을 하려면 전날 타작마당을 정성스럽게 쓴다. 그게 농부의 마음인데 밤나무 밑을 알밤 빠지기 전에 깨끗이 베는 마음도 그와 같은 것으로 소망을 마무리하는 농부의 예절이라고 할 수 있다. 밤나무 밑의 풀숲을 깨끗이 베고 허리를 펴시던 아버지가 마침 떨어지는 알밤 소리를 들었다면 마음이 얼마나 충만하셨을까.

알밤 빠지는 소리를 제일 먼저 듣는 분은 물론 할머니였다. 어느 날 할머니가 어머니에게 "어미야, 이제 밥을 땅 솥에 하지 말고 부뚜막에 걸린 옹솥에다 하거라." 하시면 알밤 빠지는 소리를 들으셨거나 조만간 들으실 예감을 하신 것이다. "알밤 빠질 때가 되었나 보다. 구들의 냉기가 시린 걸 보니." 하시던 할머니의 말씀을 들은 적이 있어서 안다.

어머니도 여름내 비웠던 아궁이에 불을 지피시며 알밤 빠지는 소리를 듣는다고 하셨다. 그러셨을 것이다. 여름내 비워 두었던 아궁이에 불을 지피는 일은 수월한 일이 아니다. 눅눅한 아궁이는 잠 트집하는 갓난아기 어미 젖꼭지 뱉어내듯 불길을 내뱉고 빨아들이지를 않는다. 어머니가 갓난아기 달래듯 콧물 눈물을 흘리시며 아궁이를 들여다보고 불을 불어서 아궁이가 달래져야 비로소 불길은 불목을 넘어간다. 그러면 컴컴하던 아궁이가 환해지고 차가운 새벽공기에 언 어머니의 앞가슴이 따뜻하게 더워진다. 그때 한 세월의 만감이 눈 녹듯 스러지고 하얗게 빈 어머니의 마음을 알밤 빠지는 소리가 '툭-' 치고 '툭-투-투-투-' 울리며 앞치마 안에 떨어졌으리라.

할머니는 "새벽에 알밤을 주우러 온 애들이 있어도 다투지 마라. 우리 햇밤으로 제상을 차리는 집이 있으면 우리 공덕이 되느니라. 알밤을 줍거든 반드시 고맙게 여기고-."

알밤을 손에 들면 느껴지던 그 무게의 올 참이 나이 들수록 할머니의 말씀과 더불어 새롭다. 이제 내 인생도 아람이 벌어서 '툭-, 투- 투- 투' 하고 소리를 내며 올 찬 알밤 하나쯤은 떨어뜨릴 때가 되었건만 나는 쭉정이만 달고 있을 뿐 우리 할머니 말마따나 누가 주워들고 고맙게 여길 만한 열매를 하나도 떨어뜨리지 못하고 있다. 파란 가을 하늘로 뻗은 가지 끝에 오롯이 매달린 부실(不實)들, 찬란했던 봄꽃의 열망에 부응하지 못한, 만유인력도 못 미치는 가벼운 쭉정이를 달고 나는 아주 계면쩍게 당당한 낙과의 계절 어귀에 서서 알밤 빠지는 소리에 감동을 하는 것이다.

3.

꿈꾸는 인생

나가이 다카시 「로사리오의 사슬」

문학은 시대의 자화상

문학은 한 나라와 개인의 역사이고 그 시대의 자화상이며 인간 삶의 흔적을 보여주는 귀중한 예술적 유산이다. 그러기에 잘된 문학작품은 시대를 초월하여 사서(史書)보다 더욱 진실하다. 또한 모든 문학의 첫째 조건은 감동이다. 아무리 미사여구와 현학(衒學)적으로 우수한 글이라 할지라도 한 가닥 찡한 울림이 없다면 그 글은 쉽게 잊힌다. 그런 맥락에서 인생에 운명적으로 다가온 슬픔을 겪은 이야기는 애잔함과 함께 진한 감동이 더한 것 같다.

수필은 결코 길지 않은 글이지만 한 편의 수필이, 한 편의 소설에 못지않은 진한 감동을 주기도 한다. 일본의 의학자인 나가이 다카시의 「로사리오의 사슬」이 바로 그런 수필이다. 이 글은 원폭(原爆)으로 인해 한 가정이 무너지고, 죽어가면서도 오로지 인간 내면의 고귀한 사랑을 표현한 휴머니즘적 요소가 강한 수작(秀作)이다.

작품의 배경은 세계2차대전 종전(終戰) 전후(前後)의 일본이고 작가는 나가사키 의대를 졸업하고 동 대학 교수로 있던 나가이 다카시이다.

작품 저변에는 시대적 상황으로 인해 비극으로 끝난, 젊은 부부의 따뜻한 부부애와 특히 연구에 몰두하는 남편을 위해 헌신하는 속 깊은 아내의 희생이 잔잔하게 흐른다.

대학 조수로 있던 당시, 박봉의 월급에도 불평 한마디 없이 남편이 연구에 전념할 수 있도록 어려운 살림을 꾸려나가는 아내의 모습이 참으로 고귀하다. 가족의 옷은 전부 아내가 손수 만든 수제품이고 자신을 위해서는 그 흔한 화장품 하나 사지 않는다.

갠 날에는 거름통을 메고 밭에서 일하고, 비 오는 날에는 바느질이나 뜨개질로 일손을 놓지 않는다. 여기서 정지용의 '사철 발 벗은 아내'가 연상되기도 한다.

한 번 연구에 몰두하면 마치 몽유병자와도 같이 '반미치광이'가 되는 자신(작가)의 일상사까지 일일이 챙겨야 하는 일은 결코 쉽지 않은 일이었다.

이런 아내의 노고에 보답하는 일은 잡지에 실린 자기의 논문을 보여주는 것뿐이다. 그러면 아내는 전문용어로 가득 찬 내용을 단정히 앉아 정중히 받들고 남편의 생명이 깎여 들어갔을 그 논문을 눈시울을 적시면서 읽는 것이었다. 그 순간 "아내 대신 어린것을 안고 어르면서 잠시 가슴 속에 온천물이 솟아나는 것 같은 기쁨을 느낀다."

"우리 집의 행복한 시간, 그것은 일요일 아침 모두 함께 성당에 미사 참례하러 가는 때였다. 나는 큰아이의 손을 끌고 아내는 작은 아이를 업고 밭둑길로 언덕 위 빨간 벽돌 성당에 간다.… 스테인드 글라스를 통해 비쳐드는 아침 햇살의 물결 속에 앉아서 내 목소리도 아내의 목소리도 더듬거리는 어린것 목소리도, 옆자리에 앉은 늙은 농부의 탁한 목소리도 하나가 되어 하늘에 계신 우리들의 아버지를 찬미해 올렸다. 그런 행복한 날은 이제 나에게는 오지 않는다."

그로부터 5년 후 연구실에 오랫동안 몰두하고 있던 작가는 방사선의 장해를 받아 백혈병에 걸리고 만다. 아내는 마치 이런 운명을 각오하고 있던 것처럼 더욱 깊은 애정을 가지고 남편을 위해 최선을 다한다. 병세가 점점 악화되어 아내에게 업혀서 출근한 일도 있었다.

8월 8일 아침 아내는 웃으며 출근하는 그를 배웅했다. 잠시 잊은 것이 생각나 다시 집에 되돌아갔을 때 뜻밖에도 현관에 엎드려 울고 있는 아내를 발견했다. 남편을 안심시키기 위해 앞에서는 절대로 슬픔을 드러내지 않던 아내였다. 그날이 그들 부부의 마지막이었다.

다음날(1945년 8월 9일) 원자폭탄이 바로 위에서 폭발했다. 순간 아내의 얼굴이 떠올랐으나 상처를 입고도 환자 구호에 정신없다가 5시간 뒤 출혈로 인해 밭에 쓰러졌는데, 그때 아내의 죽음을 직감했다. 그 시간까지 아내가 자신에게 와보지 않을 리가 없기 때문이다. 사흘째, 학생들의 사상자 처리를 일단락 한 후 황혼 무렵 집에 돌아갔을 때, 집은 온통 잿더미였다.

"나는 금방 발견했다. 부엌이 있던 자리에 남아 있는 검은 덩어리를… 그것은 탈대로 타버리고 남은 골반과 요추였다. 곁에 십자가가 달린 로사리오의 사슬이 남아 있었다. 불에 탄 양동이에 아내를 주워 담았다. 아직 따뜻했다.… 저녁 해가 비치는 잿더미 위에 같은 모양의 까만 뼈가 여기저기 점점이 보였다. 내 뼈를 머지않아 아내가 안고 갈 예정이었는데 — 운명은 알 수 없는 것이다. 내 가슴에 안긴 아내가 바스락바스락 인산석회 소리를 내고 있었다. 나는 그것을 '미안해요 미안해요'라고 말하고 있는 거라고 들었다."

이 결말 부분이 너무나 애석하고 깊은 여운이 남아, 두고두고 가슴 아프게 생각나는 구절이다. 남편을 돕지 못하고 먼저 가서 오히려 슬픔을 안겨준 것을, 죽어서도 미안해하는 아내의 마음이 전해지는 것이다. 물론 작가의 상상이지만 분명 그 아내는 그렇게 말했을 것이다.

저자 나가이 다카시는 원자병에 걸린 채로 원자병 연구와 치료에 전념하다 그로부터 6년 후 42세의 젊은 나이로 세상을 떠났다. 아내보다 6년을 더 살며 '얼마나 아내의 죽음을 애도하며 고통스런 삶을 살다가 아내 곁으로 갔을까!' 생각하니 이 부부에게 저절로 경건하게 손이 모아진다.

*1945. 8. 6. 히로시마 원폭투하
*1945. 8. 9. 나가사키 원폭투하

로사리오의 사슬

나가이 다카시
(의사 · 1909~1951)

내가 결혼을 한 것은 대학을 졸업하고 삼 년째 되는 해였는데 당시 조수로서 월급이 사십 원이었다. 만주 사변 당시로 물가는 싼 편이었지만 그렇다고 사십 원으로 살림을 꾸려가는 건 어려웠을 것이다. 그러나 나는 한 번도 아내로부터 불평을 들은 적이 없다. 새 옷 한 벌 사 주지 않았다. 극장에 간 일도 없다. 오락이라고 해 보았자 일 년에 한 번 바다에 간 정도뿐이다. 나는 매일 밤늦게까지 연구실에 틀어박혀 있었고 아내는 살림에 전념하고 있었다.

월 사십 원의 생활은 칠년 간 계속됐다. 가족의 옷은 전부 아내의 수제품이었다. 내 양말에서부터 와이셔츠에 이르기까지 한 땀 한 땀 정성을 쏟아 만든 것이었다. 그걸 보고 연구실의 아가씨가 "선생님은 낮에도 사모님에게 안겨 있군요."라고 했다. 아내는 화장을 하지 않았다. 프랑스제의 입술연지도 이탈리아제 향수도 손쉽게 살 수 있는 시절이었다. 그리고 거리에는 유한마담이라고 불리는 계급의 사람들이 활개를 치고 다니는 시대였다. 식량도 썩어나도록 풍부했다. 아내는 갠 날엔 거름통을 메고 밭에서 일하고 비가 오는 날에는 바느질이랑 뜨개질로 일손을 놓지 않았다. 그리고 마을의 부인회 연합반장의 바쁜 역할도 해내고 있었다. 거기에다 나의 아내로서의 임무, 반미치광이 시중도 들지 않으면 안 되었던 것이다.

한 가지 새로운 연구에 착수하면 나라는 인간은 변해 버린다. 연구 테마에 온통 정신을 빼앗겨 버린다. 며칠씩 도서실에 틀어박혀 선인들의 업적을 조사한다. 카드를 만든다. 그리고 그걸 정리해서는 나의 새로운 방법을 구상한다. 실험 장치를 만든다. 드디어 실험에 착수한다. 몇 개월 만에 결과가 나온다. 그걸 정리하여 논문을 쓴다. 교정을 본다. 이런 수순인데 그러는 동안에는 연구 이외의 것은 머리에 들어오지 않는 것이다. 이야기를 걸어오면 대답은 한다. 밥이 나오면 먹기는 한다. 아이가 울면 노려본다. 그러나 무슨 말을 했는지 무엇을 먹었는지 기억이 없다.

내가 대학에서 돌아오는 길에 아내가 스쳐 지나가는데 모르고 지나친 일이 두 번 있었다고 한다. 뒤에 아내에게서 그 말을 듣고 나는 '저런' 하고 놀랐다. 그럴 때의 나는 허공을 쏘아보면서 입속에서 무언가 중얼중얼하기 때문에 어쩐지 무섭다고 한다. "마치 몽유병자를 간호하고 있는 것 같아요." 라고 아내가 말한 적이 있다.

꼭 의논해야 할 집안 일이 생겨도 말을 못하고, 남편의 주의를 산만하게 할 수도 없고 두뇌를 씀으로, 특별 요리를 만들어야 하고, 자칫 방심하고 있으면 넥타이도 잊어버리고 뛰쳐나가기 때문에 몸에 걸치는 일상사도 신경을 늦출 수가 없고, 방안에 가득히 늘어놓은 조사카드, 노트, 참고서, 사진, 휴지 등등 치워도 되는 건지 안 되는 건지 알 수가 없고, 저녁 귀가 시간은 일정하지 않고…. 이런 남편의 시중을 용케도 아내는 그 연약한 팔로 해낸 것이다.

이런 아내의 노고에 대해서 내가 보답한 것은 겨우 잡지에 실린 내 논문을 보여 주는 것뿐이었다. 남들 같으면 소파에 편안히 기대고 파이프를 피우면서, 혹은 방바닥에 드러누워서 대충대충 읽는 시늉이나 하는 잡지를 아내는 단정하게 고쳐 앉아 정중히 받들고 난 다음에 페이지를 넘기는 것이었다. 잉크 냄새 나는 활자가 내 이름을 찍어놓은 그 페이지, 그것은 전문 용어로 가득 차 읽어도 이해 못하는 문장이다. 그것은 몇 페이지에 불과한 짧은 것이지만 그 속에 남편의 생명이 마치 가다랭이포처럼 깎여 들어 차 있는 것을 아는 아내는 눈시울까지 적시면서 읽어 가는 것이었다. 그 옆에서 나는 아내 대신 어린것을 안고 어르면서 잠시 가슴속에 온천물이 솟아나는 것 같은 생각에 잠겨 있다.

우리 집의 행복한 시간, 그것은 일요일 아침 모두 함께 성당에 미사 참례하러 가는 때였다. 나는 큰아이 손을 끌고 아내는 작은아이를 업고 밭둑길로 언덕 위 빨간 벽돌 성당에 간다. 종각에서는 우리를 부르는 종소리가 맑고 부드럽게 울려 퍼진다. 저 집에서도 이 집에서도 나들이옷으로 갈아입은 사람들이 밝은 얼굴로 나와서 같은 길에 합류했다. 스테인드글라스를 통해 비쳐드는 아침 햇살의 물결 속에 앉아서 내 목소리도 아내의 목소리도 더듬거리는 어린것 목소리도, 옆자리에 앉은 늙은 농부의 탁한 목소리도 하나가 되어 하늘에 계신 우리들의 아버지를 찬미해 올렸다. 그런 행복한 날은 이제 나에게는 오지 않는다.

나의 교우는 매우 적었다. 모두 비슷한 처지의 가난한 학자들이었다. 어느 여름밤이었다. 내가 좁은 마당, 돌에 앉아서 달빛을 받고 있으려니까 해부학과의 나카무라 조교수가 한손에 부채를 들고 훌쩍 찾아왔다. 그는 내 앞에 있는 돌에 걸터앉자말자, 도룡뇽 알에 대해서 이야기를 꺼냈다. 이런 것이 언제나 우리 집 평상에서의 화제였다. 그는 처녀 생식의 실험을 하고 있었다. 작년에 참개구리 알의 실험에서는 성공을 거두었다. 알의 어느 극을 백금침으로 가볍게 콕콕 찔러 주면 그것이 정충 진입과 같은 자극이 되는지 알은 정상적으로 분할을 시작하고 차츰 성장하여 정상적인 개구리가 되었다. 금년에도 그것을 도룡뇽의 알로 실험을 하고 있는 중이었다. 그것에 성공하면 어떻게 해서든지 포유류로 해보고 싶은 것이다.

아내가 들통에 우물물을 길어왔다 그 안에 오이와 토마토가 떠있었다. 나카무라 군은 왼손에 토마토를 올려놓고 오른손에 오이를 쥐고 그걸 난자와 정자로 가장하여 바짝 갖다 댔다가 떼었다가 하면서 계속 설명을 하면서 덥석덥석 베어 먹었으므로 어느 틈에 난자도 정자도 위장 속으로 사라져 버리고 없었다.

아내는 언제나처럼 좁은 뜰을 향해 나있는 안방에서 셔츠에 다림질을 하면서 두 사람의 이야기에 귀를 기울이고 있었다. 느닷없이 나카무라 군이 안방에다 대고 말을 걸었다 "사모님 머지않아 아이를 낳는 데는 남편이 필요 없을 것 같아요."

그랬더니 아내는 웃으면서 대답했다.

"그럴까요? 그건 그렇다 치더라도 부부의 목적이 아이를 낳는 일만은 아닐 텐데요."

나카무라 군은 이 대답을 듣고 빙긋이 웃었다.

나는 조교수가 되어 월급이 백 원으로 올랐다. 아내는 그래서 겨우 마음을 놓았다. 머지않아 아이가 소학교에 다니게 되므로 사십 원으로는 난감할 처지였다. 우리에게는 아직 연극 구경 같은 걸 갈 여유는 생기지 않았다.

그로부터 5년이 흘렀다. 나는 연구실에서 오랫동안 몰두하고 있던 방사선의 장해를 받아 백혈병에 걸리고 말았다. 남은 목숨이 앞으로 몇 년 되지 않는다는 진단을 받은 날 나는 신뢰하고 있는 아내에게 모든 것을 털어놓고 선후책을 생각하자고 말했다. 그때 아내는 놀라는 기색도 없이 듣고 있었다.

내가 예상하고 있었던 대로 아내가 믿음직스러워 기뻤다. 이런 운명은 아내도 각오를 하고 있었던 것이다. 이런 아내라면 내가 죽은 뒤에 아이들을 훌륭히 키워 나처럼 방사선 연구에 종사하는 학자로 만들어 주겠지. 나는 사후의 근심 없이 연구의 마지막 마무리에 몰두할 수 있었다. 아내는 더욱 깊은 애정을 가지고 나를 위로해 주었다. 병세가 차츰 진행하여 공습경보가 내려 무거운 철모를 쓰거나 하면 다리가 비틀거릴 정도였다. 한 번은 아내에게 업혀서 출근한 일도 있었다.

8월 8일 아침 아내는 여느 때와 마찬가지로 생글생글 웃으면서 출근하는 나를 배웅했다. 조금 가다가 나는 도시락을 잊은 것이 생각나 집에 되돌아갔다. 그리고 뜻밖에도 현관에 엎드려 울고 있는 아내를 본 것이다.

그것이 이별이었다. 그날 밤은 방공 당번이어서 연구실에서 묵었다.

다음날인 9일. 원자 폭탄은 내 위에서 폭발했다. 나는 상처를 입었다. 순간 아내의 얼굴이 떠올랐다.

환자들의 구호에 바빴던 다섯 시간 뒤 나는 출혈로 밭에 쓰러졌다. 그때 아내의 죽음을 직감했다.~라고 하는 것은 아내가 끝내 내 앞에 나타나지 않았기 때문이다. 우리 집에서 대학까지 1킬로미터니까 기어서 와도 다섯 시간이면 올 수 있다. 설령 중상을 입었더라도 목숨이 있는 한은 기어서라도 기어코 나의 안위를 물으러 와주었을 아내였다.

사흘째, 학생들의 사상자 처리도 일단락되었으므로 황혼 무렵 집에 돌아갔다. 온통 잿더미였다. 나는 금방 발견했다. 부엌이 있던 자리에 남아 있는 검은 덩어리를…. 그것은 탈 대로 타버리고 남은 골반과 요추였다. 곁에 십자가가 달린 로사리오의 사슬이 남아있었다.

불에 탄 양동이에 아내를 주워 담았다. 아직 따뜻했다. 나는 그걸 가슴에 안고 묘지로 갔다. 주위의 사람들은 모두 죽어버려 저녁 해가 비치는 잿더미 위에 같은 모양의 까만 뼈가 여기저기 점점이 보였다. 내 뼈를 머지않아 아내가 안고 갈 예정이었는데…. 운명은 알 수 없는 것이다. 내 가슴에 안긴 아내가 '바스락바스락' 인산석회 소리를 내고 있었다. 나는 그것을 "미안해요 미안해요."라고 말하고 있는 거라고 들었다.

찰스 램의 문학에서 보여준 휴머니즘

문학은 그 시대의 역사를 담고 있다. 어느 면에서는 승자의 기록이라는 역사서보다 더욱 진실하다. 한 작가의 진솔하고 꾸밈없는 작품 한 편으로 후세에 숨기고 싶은 역사적 사실이 드러나기도 한다. 램(Lamb)의 수필 「굴뚝청소부 예찬」에서, 중세 영국의 어두운 사회의 단면을 들여다 볼 수 있는 것이 그 한 예이다.

"나는 굴뚝청소부 만나기를 좋아한다.…… 그 녀석들은 새벽이 밝아오면, 아니 어쩌면 그보다 더 일찍 일어나 나와, 어린 참새 새끼의 짹짹거리는 소리와도 같이 굴뚝청소요, 굴뚝청소요, 굴뚝청소요, 하고 귀여운 소리를 지르고 다닌다."

"나 어릴 적에 …… 나보다 더 크지 않은 아이가 알 수도 없는 어떤 방법으로 지옥의 입구 같은 데를 들어가는 것을 보고, 저렇게도 캄캄하고 숨 막힐 듯한 많은 동굴들, 저 무시무시한 어둠의 지옥을 더듬거려 들어가는 청소부 아이의 모습을 마음속에서 뒤쫓다 보면

'이제 저 아이는 절대로 살아나오지 못할 거야!'라고 생각하고 무서워 진저리를 치지만 이윽고 햇볕 속에 다시 나왔다고 가냘프게 외치는 소리에 희망이 되살아난다. …… 그 유령 같은 까만 족제비가 별 사고 없이 모습을 드러내고, 점령당한 성채 위에서 나부끼는 깃발처럼 의기양양해서 제 굴뚝 쑤시개를 휘두르는 것을 보게 된다!"

이와 비슷한 서사가 램과 동 시대 영국의 유명 시인 William Blake(1757~1827)의 시 「The Chimney Sweeper」에서도 묘사된 것을 보면 당시 어린 굴뚝청소부의 위험천만한 활약(?)이 무척 성행하였던 것임을 알 수 있다.

특히 이 시에서의 첫 연은 더없이 비참해서 가슴을 아프게 한다.

"내 엄마가 죽었을 때 난 매우 어렸다/ 내 아버지는 내 혀가 아직 '청소요, 청소요, 청소요, 청소요를/ 외치지 못할 때 파셨다/ 그래서 나는 당신 굴뚝을 청소하고, 검댕 속에서 잔다"

램은 그의 수필에서, 윌리엄 브레이크는 그의 시에서, 영국 사회에서 자행되던 잔혹한 현실을 고발한다. 여기에 문학의 당위성이 존재한다고 본다. 어린 굴뚝청소부들은 가난한 부모가 팔거나, 아프리카에서 사온 어린 노예들, 또는 마구잡이로 유괴한 어린 소년들이었다.

"어린 몬터규가 유괴되었다가 되돌아온 사실은 그 수많은 돌이킬 수 없는 절망적인 유괴사건 중에서 단 한 번의 외로운 행운의 예에 불과하다."

실제로 '어린 몬터규'는 영국의 몬터규 가의 아들로 웨스트민스터 학교를 다니다가 유괴되어 굴뚝청소부가 되었다가 다행히도 다시 찾았다고 한다. 이런 상황이니 얼마나 많은 어린이들이 유괴되고 팔려 나갔겠는가! 당시 영국은 집집마다 석탄을 때던 시절이었고, 굴뚝 속에 쌓이는 많은 검댕을 자주 청소해야 하는데, 굴뚝은 좁으니 몸집이 작은 어린 아이들이 들어가야 할 수 있는 일이었을 것이다. 수많은 저택과 주택들의 굴뚝을 청소하려면 많은 어린 인력이 수요 되니 아이들을 유괴하고 팔아넘기는 악행이 허다하게 이루어졌던 것이, 소위 신사의 나라라고 일컫는 영국사회의 어두운 내면의 모습이었다.

"황금의 소년 소녀들도/ 굴뚝청소부처럼 흙먼지가 되리라"

일찍이 셰익스피어(1564~1616)의 작품 「Cymbeline」에도 이런 구절이 있던 것을 보면 아마도 영국에서 이 관행은 수세기 동안 이루어졌음을 알 수 있다.

엘리아라는 필명으로 『엘리아의 수필』 『찰스 램 서간집』 등을 남긴 그는 영국의 대표적인 수필가이다. 우리가 익히 알고 있듯, 몽테뉴(Montaigne Michel De 1533~1592)와 베이컨(Francis Bacon 1561~1626)의 수필이 대체적으로 형이상학적이고 논리적인 중수필인 반면, 램의 수필은 일상적인 삶에서 느낀 감정을 감성적으로 표현한 미셀러니(Miscellany)라는 점에서 같은 서구의 작가들이라 해도 그들과의 차이점이 있다. 그러기에 램의 수필은 우리에게 더욱 친근하게 다가온다.

그에게는 치명적인 트라우마가 있었다. 1775년 법률사무소의 사서(司書)인 아버지 밑에서 7남매 중 막내로 태어났으나 형제는 대부분 어려서 죽고 형과 누이 메리 램만이 살아남았다. 경제적으로 빈한했고 아버지와 어머니는 각기 지병을 앓고 있었으므로 집안 분위기는 항상 암울했다. 게다가 누이 메리는 지속적인 정신병에 시달렸다. 어느 해 누이 메리가 발작을 일으켜 어머니를 살해하고 아버지에게도 상해를 입힌 사건을 목격한 후, 큰 충격을 받은 램은 결혼도 하지 않고 평생 정신병을 가진 누이 메리를 지키며 살았다. 더구나 그는 말더듬 증세가 있어 항상 열등의식 속에 살았다. 그러나 기본적으로 그의 누이를 위한 평생 헌신, 친구들에 대한 변함없는 우정, 어려운 이웃을 불쌍히 생각하는 마음, 신분의 차이에 차별을 두지 않고 바라보는 시선에서 그의 지극한 휴머니즘을 엿볼 수 있다.

그의 수필 「굴뚝청소부 예찬」은 바로 이러한 휴머니즘 정신을 가장 잘 나타내는 작품이다. 때론 유머러스한 수사를 했어도 그 이면에는 짙은 페이소스가 깔려있음을 알 수 있다. 본문은 장황하고 분량이 많아 다 게재할 수 없어, 곁가지를 생략하고 '굴뚝청소부'에 대한 주요부분만 발췌해 싣는다.

소외되고 가엾은 이웃들을 따뜻한 시선으로 바라보고 그들을 대변하는 작품을 남긴 찰스 램을 우리는 오랫동안 기억하고 배워야 될 것이다.

작품 감상

굴뚝청소부 예찬

찰 스 램

(수필가 · 1775~1834)

나는 굴뚝청소부 만나기를 좋아한다. 이해를 바란다. 어른 청소부가 아니다. 나이 든 굴뚝청소부들은 아무래도 매력이 없다. 그 처음으로 묻힌 검댕 속에서 꽃망울처럼 피어나고 엄마가 닦아준 자국이 아직도 그 볼에서 완전히 지워지지 않은 저 어린 풋내기 청소부 말이다. 그 녀석들은 새벽이 밝아오면 아니 어쩌면 그보다 더 일찍 일어나 나와, 어린 참새 새끼의 짹짹거리는 소리와도 같이 굴뚝청소요, 굴뚝청소요, 하고 귀여운 소리를 지르고 다닌다. 또는 녀석들이 해가 뜨기도 전에 굴뚝 높이 오르는 일도 드물지 않으니, 아침 종달새를 더 닮았다고 말해야 옳을까?

나는 이런 희미한 반점(斑點) -가난한 얼룩- 천진스런 검댕에 대해 따스한 동경을 느끼게 된다. 나는 우리나라 태생의 이 어린 아프리카 소년들을 존경한다. 잘난 척하지도 않으며 검은 법의(法衣)를 입은 채, 살을 에는 듯한 12월 새벽의 추위 속에서, 자그마한 설교단(굴뚝 꼭대기)에 서서 세상 사람들에게 인내의 교훈을 설교하는, 이 성직자가 거의 다 되어버린 개구쟁이들을 존경한다.

나 어릴 적에 그들이 일하는 것을 바라보면 정말 희한한 즐거움이 들었다. 나보다 더 크지도 않은 아이가 알 수도 없는 어떤 방법으로 지옥의 입구 같은 데를 들어가는 것을 보고, 저렇게도 숨 막힐 듯한 많은 동굴들, 저 무시무시한 어둠의 지옥을 더듬거려 들어가는 청소부 아이의 모습을 마음속에서 뒤쫓다 보면 "이제 저 아이는 절대로 살아나오지 못할 거야!" 라고 생각하고 무서워 진저리를 치지만 이윽고 햇볕 속에 다시 나왔다고 가냘프게 외치는 소리에 희망이 되살아난다. 그런 다음(아, 얼마나 기분이 좋았던가!) 문 밖으로 뛰어나가면 그 유령 같은 까만 족제비가 별 사고 없이 모습을 드러내고, 점령당한 성채 위에서 나부끼는 깃발처럼 의기양양해서 제 굴뚝쑤시개를 휘두르는 것을 보게 된다!

나는 언젠가 어느 심보 고약한 청소부가 굴뚝 속에 빠져 그대로 있었는데 가지고 있던 굴뚝쑤시개가 바람 부는 방향을 가리켜 주고 있었다는 이야기를 들은 기억이 있다. 그것은 확실히 무서운 광경이었다. 마치 "왕관을 쓴 아이 혼령이 손에는 나무를 들고 일어선다."라고 하는 「멕베스」 가운데 있는 옛 무대 지시 같기도 했다.

독자 여러분이여, 이른 아침 산책길에 이런 꼬마 신사를 만나거든, 녀석에게 한 푼 쥐어주는 것이 좋으리라. 두 푼을 준다면 더욱 좋겠다. 만약 얼어붙은 매서운 날씨에 원체 힘에 겨운 어려운 일인데다, 엎친 데 덮친 격으로 양 발꿈치에 동상까지 걸려 있다면(보통 있는 일이지만), 당신의 인정에 대한 요구는 분명 여섯 푼으로 늘어날 것이다. … 중략 …

이런 나이 어린 희생자들에게 고용살이를 너무 일찍부터 시키는 것은 어린이 유괴를 엄청나게 장려하는 결과가 되는 것이 아닌가 걱정스럽다.

… 중략 … 몇 년 전 애런들 성 안의 한 위엄 있는 침대, 즉 공작의 천개(天蓋) 밑에서 …… 행방불명이 된 뒤 별별 짓을 다 해서 찾았지만 눈에 띄지 않던 굴뚝청소부가 대낮에 세상모르고 자고 있는 것이 우연하게 발견

된 일이 있다. 그 꼬마 녀석은 그 복잡하기 짝이 없는 엄청난 굴뚝에 들어갔다가 길을 잃고 헤매던 끝에 어딘지 알 수도 없는 삐끔한 구멍으로 내려와 보니 결국 이 굉장한 방으로 들어오게 되었다. 녀석은 신물이 날 정도로 지루한 탐험 끝에 그만 지쳐 떨어져, 그 방 안에 널려 있는 유쾌한 휴식으로의 초대에 뻗대지 못하여 몸을 맡기고, 살그머니 시트 속으로 기어 들어가 그 새카만 머리를 처박은 채, 어린 하워드 가의 아들인 양 잠들고 말았다. … 중략 …

나의 유쾌한 친구 짐 화이트는 이와 같은 변신의 예가 자주 일어나고 있다는 소신을 마음속 깊이 굳히고, 이러한 가련한 어린이들의 뒤바뀐 운명을 조금이나마 바로잡고자 해마다 굴뚝청소부 잔치를 열어, 그 자신이 스스로 주인이 되고 심부름꾼이 되는 역할을 하는 것을 즐거움으로 삼았다. 그는 해마다 성 바솔로뮤의 장날이 돌아올 때면 스미스필드에서 엄숙한 만찬회를 열었다. … 중략 …

그런 다음 우리는 축배를 들었다. "국왕을 위하여" "검은 옷을 위하여" 녀석들이 알든 모르든 그것은 즐겁고 신바람 나는 것이었다. 그리고 기분이 최고조에 달하면 영락없이 "굴뚝 쑤시개가 월계관보다 뛰어나길" 하고 외쳤다. …… 그 어린 고아들에게는 굉장한 위안이 되었다. ……

"황금의 소년 소녀들도 굴뚝청소부처럼 흙먼지가 되리라"(「세익스피어의 cymbeline」 중에서 인용)

제임스 화이트는 가고, 그와 더불어 이 잔치도 없어진 지 오래다. 그는 죽으면서 세상의 재미있는 것들을 반은 가져가버리고 말았다. 적어도 나의 세계에 있어서는 말이다. 그의 옛날 단골들은 가축시장 우리 안에서 그를 찾아 헤매지만, 그를 못 만나 서운해 하며, 변해버린 성 바솔로뮤의 축제와 영원히 떠나버린 스미스필드의 영광을 원망하고 있다.

이반 세르게예비치 투르게네프 「참새」

새들에게 배우다

19세기 러시아의 대문호 이반 세르게예비치 투르게네프(Ivan Sergeevich Turgenev)는 『아버지와 아들』 『처녀지』 『첫사랑』 외에 많은 장, 단편의 소설을 발표함으로 세계적인 명성을 얻은 작가이다.

그가 발표한 산문 「참새」는 우리에게 짧지만 진한 교훈을 주는 작품이다. 첫 문장 "나는 사냥을 갔다 와서, 정원 장림(長林)을 거닐고 있었다. 개는 저만치 나를 앞서 달리고 있었다." 당시 러시아 부호였던 그가 자작나무 숲 우거진 대저택 정원을 개와 함께 산책하는 풍모가 그의 소설 속 장면처럼 떠오른다. 모든 문학작품은 그 여백에서 읽히는 상상이 독자를 더 풍요롭게 한다. 이 짧은 글에서 난 그의 다른 소설들에 나오는, 숲과 자연에 대한 지문들이 연결되는 재미를 느낄 수 있다.

모질게 불어 흔들리는 자작나무 숲에서 아직 날지 못하는 새끼 참새 한 마리가 바닥에 떨어져 파닥이고 있다. 이 모습을 발견한 그의 사냥개가 가까이 다가가자, 돌연 나무 위에서 어미 참새가 마치 돌멩이처럼 빠르게 날아와 개의 코앞에 내려앉는 광경을 그는 목격한다.

"새는 전신을 벌벌 떨면서, 가엾게도 절망적 부르짖음을 외치고… 작은 몸뚱이는 공포로 인하여 벌벌 떨고 있었으며, 목소리는 이상하게도 쉬어 있었다."

어미 참새는 큰 괴물로 보이는 사냥개 앞에서 날지도 못하고 파닥이고 있는 새끼참새를 구하려고 사력을 다해 대항한 것이다. 작지만 그 강한 힘에 눌린 그의 사냥개 토레솔은 우두커니 서 있다가 뒷걸음을 치기 시작한다. 이에 이반 투르게네프는 말한다.

"나는 이 작고 비장한 새에 대하여, 그 사랑의 충동에 대하여, 확실히 경건한 생각에 잠겼었다."라고….

작은 미물인 참새이지만 위기에서 자신을 내던지며 새끼를 지키려 했던 그 높고 숭고한 모정에 경건함을 느꼈다고 했다. 새들에게도 모정은 실로 위대한 것이다.

어미 새에 대한 '숭고하고 경건한 사랑'의 일화는 이외에도 많다. 얼마 전 신문에서, 흑두루미 9마리가 북쪽으로 이동하다 새끼두루미 한 마리가 다리를 다쳐 낙오되었는데, 어미두루미도 남아서 새끼에게 먹이를 날라다 주며 지극 정성으로 간호하는 모습이 강릉의 무논에서 카메라에 잡혔다는 기사를 본 기억이 있다. 철새가 무리지어 이동할 때 그 대오에서 낙오되면 죽을 수밖에 없다고 한다. 날지 못하는 새끼를 버려두지 못하고 어미두루미도 죽기를 각오하고 새끼두루미 곁에 남은 것이다.

또한 며칠 전 한 TV프로그램에서 방영했던 사건에서도 어미 새의 우직하기까지 한 사랑에 감탄을 금할 수 없다. 시골 어느 숲길 옆을 걷고 있는 행인에게 갑자기 웬 물체가 그의 뒤통수를 세게 후려치고 사라진다는 것이다. 돌아보면 아무것도 없다. 열이면 열 사람 모두 똑같이 겪는 일이었다. 처음엔 유령일거라는 소문마저 돌아 그 길 다니기를 꺼려했지만 원인을 알고 보니 의외로 어미 물까치의 귀여운 소행(?)으로 밝혀졌다. 번식기인 5~7월 사이에 알을 낳아 부화시킨 어린 물까치의 보금자리가 그 숲속 여러 곳에서 발견되었다. 어미 새는 온종일 새끼들을 지키느라 그 주위를 맴돌다가 사람만 지나가면 재빠르게 공격하고 달아난다는 것이다. 단지 웃고 넘길 일만이 아니다.

세상이 왜 이런가! 요즘 아동학대 사건이 번번이 뉴스를 장식한다. 오늘 아침에도 아기를 낳아 냉동고에 유기한 친모가 구속되었다는 뉴스가 들려온다. 그것도 2번째라니 기가 막히다. 그 외에도 차마 입에 올리기도 치가 떨릴 만큼 공분을 사는 사건들이 심심찮게 등장한다. 대표적인 예로 누구나 다 아는 '원영이 사건'을 들 수 있다. 추운 겨울 차가운 목욕탕에 갇혀서 몇날 며칠 굶기고 때리고 락스에 찬물을 끼얹는 부모의 모진 학대 끝에 숨져갔다. 생각할수록 가슴이 미어진다. 아이가 죽는 순간에 친아비는 치킨에 맥주를 시켜 먹고 있었고 계모는 게임에 빠져있었다고 한다. 인간이 어찌 그리 잔인하고 악할 수 있을까! 그들이 받은 형량이 너무 가볍다. 이외에도 친부모에 대한 학대로 숨지거나 실종된 사건들을 다 열거할 수가 없다. 미물인 새들도 새끼를 지키는 것은 본능일진대, 새만도 못한 인간들이다.

일찍이 투르게네프는 그의 수필 「참새」에서 이러한 '거룩한 본능'의 메시지를 우리에게 전하고 싶었던 것이리라.

"나는 생각하였다. 사랑은 죽음보다도 죽음의 공포보다도 강하다. 오직 그것에 의해서만, 사랑에 의해서만, 인생은 유지되어 나가고, 진보되어 나가는 것이라고…."

이 작품의 마지막 결미부분은 변치 않는 진리이다.

매일 아침 아파트 베란다에 날아와 놀고 있는 비둘기 한 쌍이 오늘따라 예사롭지 않게 보인다.

참 새

이반 세르게예비치 투르게네프

(소설가 · 1818~1883)

나는 사냥에서 돌아와, 정원 장림(長林)을 걷고 있었다. 개는 저만치 나를 앞서 달리고 있었다. 갑자기 개가 종종 걸음을 치더니, 무슨 냄새라도 맡은 듯 가만가만 걸어가기 시작했다.

나는 길 쪽을 바라보다가 부리가 노랗고 머리 위에 솜털이 난 새끼 참새 한 마리를 발견하였다. 보금자리에서 떨어진 것이었다.(바람은 모질게 불어 자작나무를 흔들고 있었다) 그리고 새끼 참새는 몸을 움츠린 채 아직 부실한 날개를 함부로 치고 있었다.

개가 새끼 참새 있는 데로 가까이 이르렀을 때, 돌연 곁에 있는 나무 위에서, 목이 까만 어미 참새가 개의 코앞으로 마치 돌멩이처럼 내려왔다. 그리고는 전신을 벌벌 떨면서, 가엾게도 절망적 부르짖음을 외치고, 흰 이빨이 드러나 보이는 개의 입을 향해 두세 번 날면서 덤벼들었다.

그는 구원해내고자 자신의 몸으로 새끼를 감싸 준 것이었다. 그러나 작은 몸뚱이는 공포로 인해 벌벌 떨고 있었으며 목소리는 이상하게도 쉬어 있었다. 공포에 떨면서도 그는 자기 몸을 내던졌던 것이다.

그의 눈에는 개가 굉장히 큰 괴물로 보였을 것이다. 그렇지만 그는 안전한 높은 가지에 앉아 있을 수가 없었다. 그의 의지보다도 강한 힘이 그를 날아 내려오게 하였던 것이다.

나의 토레솔은 우두커니 서 있다가, 뒷걸음질을 치기 시작했다. 그도 또한 이 힘을 인정한 모양이었다. 나는 급급히 몸 둘 곳을 몰라 하는 개를 불러가지고 경건한 생각에 잠겨 그 자리를 떠났다.

그렇다. 웃을 일이 아니다. 나는 이 작고 비장한 새에 대하여, 그 사랑의 충동에 대하여, 확실히 경건한 생각에 잠겼었다.

나는 생각하였다. 사랑은 죽음보다도, 죽음의 공포보다도 더 강하다. 오직 그것에 의해서만, 사랑에 의해서만 인생은 유지되어 나가고, 진보되어 나가는 것이라고.

인생은 꿈꿀 때 아름답다

「꿈꾸는 인생」은 프랑스 상징주의 문학을 대표하는 작가 마르셀 프루스트의 에세이다.

그의 소설 『잃어버린 시간을 찾아서』 중 "홍차에 적신 마들렌의 냄새를 따라 어린 시절을 회상한다." 흔히 인용되는 이 구절은, '과거는 풍화되어 잊히는 것이 아니라 무의식적 기억으로 남아 있다가 초시간적 감각을 계기로 되살아난다.'는 '프루스트 현상'이라는 심리학적 용어를 낳게 된 명문장이다. 작가들에게 소중한 '기억의 창고'가 없다면, 그리고 그 기억을 감각의 우물에서 길어 올릴 수 없다면, 모든 문학작품의 리얼리티(reality)는 떨어질 것이다. '프루스트 현상'에 적극 공감하고 있던 나는 그의 수필을 발견하고 반가웠다.

「꿈꾸는 인생」에서 "인생은 살기보다는 차라리 꿈꾸는 것이 낫다." 라고 했지만 인생은 꿈꿀 수만은 없지 않은가? 그것은 살아내야 하는 현실이다. 처음엔 이런 반문을 하게 되었으나 그 의미를 이해하는 데에는 그리 오래 걸리지 않았다.

"셰익스피어의 희곡은 극장에서 상연되는 것보다는 서재에서 상연될 때가 훨씬 아름답다." 즉 장면 장면을 무대에서 연출하여 그대로 보여줄 때는 보는 것으로 끝나지만, 서재에서 책으로 읽을 때는 독자의 상상력이 더해져서 무대보다 몇 배의 감동이 배가된다. 많은 문학작품이 영화화 되었을 때, 원작만 못하다는 이치와 같다. 이와 같이 인생도 삶의 현장에 부딪혔을 때보다 미래를 꿈꾸며 상상할 때가 행복하다. 10대에는 20대를 꿈꿀 때 얼마나 즐거운가! 성인이 되면 하고 싶은 것도 마음대로 하고, 영화 같은 사랑도 해보리라 상상하며 행복했던 꿈은, 20대가 되었을 때 오히려 많은 번민과 고뇌로 잠 못 이룰 때가 많게 된다. 나이가 들수록, 삶의 햇수가 길어질수록 그에 따른 꿈과 현실의 괴리는 더욱 벌어진다. 꿈대로 이루어지는 삶은 드물기 때문이다.

여기서 프루스트는 친지 중 지나친 꿈을 지닌 한 소년의 예를 들었다. 어느 소녀에게 순수한 정신적 사랑을 바치고 있었던 소년은 그 소녀가 지나가는 것을 보려고 몇 시간이나 창가에 서 있곤 하다가 그녀의 모습을 보지 못한 날이면 눈물을 흘리고, 보면 또 보는 대로 눈물을 흘렸다. 마침내 그녀를 만나 오랫동안 얘기를 나눈 후, 소년은 창가에서 몸을 던졌다.

"완벽하지 않은 완벽 속에서 절대의 완벽과 비교하고는 끝내 절망하여…."

그 황홀한 도취의 순간이 다시 오지 않을 것이고, 앞으로의 생이 무의미할 것이기 때문이라는 비관적인 생각에서였다. 다소 지나친 비유다 싶긴 하지만 인생은 꿈과 현실의 차이가 그만큼 크다는 것을 말하고 싶은 것이리라.

프루스트는 "진정한 현실은 현재와 과거를 융합시키는 데서 비롯된다."라고도 했다.

최근 나는 한 젊은 작가의 작품을 읽고 '꿈꾸는 인생'은 미래의 삶도 아름답지만, 살아보지 못한 먼 과거로의 여행도 행복하다는 것을 알았다. 『저잣거리에서 만난 단원(檀園)』(한해영 著)에서 주인공이 200년이란 시공을 넘어 저잣거리에서 단원 김홍도를 만나 그와 동행하며 조선시대 풍속화와, 금강산을 주제로 한 진경산수眞景山水등 수많은 단원의 그림 속으로 들어가 여정을 함께 한 내용이다. 그 참신한 발상이 경이로웠다. 이렇듯 상상(imagination)은 삶과 문학을 풍요롭게 한다.

삶이 팍팍하고 힘들 때, 우리도 좋아하는 옛 선인을 따라 상상의 삶을 꿈꾸어 보는 것은 어떨까! 어차피 인생은 일장춘몽이라고 하지 않는가.

프루스트는 "인생은 이 소년처럼 어리석음 속에 몸을 던지는 것이다."

"세월이 지나다보면 사람들은 꿈을 인식하지 못하거나 혹은 부정하며 마치 황소처럼 그날그날의 풀을 뜯기 위해 살게 된다."라고 했다. 그러기에 인생은 꿈꿀 때만이 아름답다는 프루스트의 지론을 부정할 수가 없다.

삶은 결코 완벽할 수 없는 것이다. 그러나 작가는 "인생은 바로 그 소년을 닮았다." "그 소년이 소녀를 사랑하는 것처럼 우리가 인생을 사랑하는 것은 인생을 꿈꾸는 까닭이다."라고 역설(力說)한다.

꿈꾸는 인생

마르셀 푸르스트
(작가 · 1871~1922)

야심은 명성보다도 사람을 도취시킨다. 욕망은 모든 것을 꽃피게 하고 소유는 모든 것을 시들게 한다. 인생은 살기보다는 차라리 꿈꾸는 것이 낫다. 산다는 것 역시 꿈꾸는 것이지만 거기에는 신비의 그늘이 훨씬 엷고 또한 명료성이 결여되어 있어서 반추하는 야수들의 희미한 의식 속에 흩어진 꿈과도 같이 그저 무겁고 불투명한 꿈이다. 셰익스피어의 희곡은 극장에서 상연되는 것보다는 서재에서 상연될 때가 훨씬 아름답다. 불멸의 연인들을 창조한 시인들은 풍정이 없는 값싼 여인숙의 하녀밖에 모르는 경우가 더러 있지만, 이에 반해 주위 사람들로부터 선망의 대상이 되는 방탕자들은 자신들이 영위하는 삶을 결코 자각치 못하며 오히려 삶이 그들을 이끈다.

나의 친지 중 몸이 허약하고 조숙한 상상력을 지닌 열 살짜리 소년이 있다. 이 아이는 자기보다 나이 많은 어느 소녀에게 순수한 정신적 사랑을 바치고 있었다. 소년은 소녀가 지나가는 것을 보려고 몇 시간이나 창가에 서 있곤 했으며 그녀의 모습을 보지 못할라치면 눈물을 흘렸는데, 보았으면 또 본 대로 또 눈물을 흘렸다. 그가 소녀의 곁에 있는 일은 아주 드물었고 그

나마도 아주 짧은 시간에 지나지 않았다. 이리하여 그는 거의 매일 밤, 잠을 설쳤고 식음을 전폐하다시피 했다. 그러던 어느 날 소년은 창가에서 몸을 던지고 말았다. 사람들은 소녀에게 접근하지 못한 절망 때문에 몸을 던진 것이라고 생각했다. 하지만 얼마의 시간이 흐른 뒤 사람들은 이 소녀와 아주 오랫동안 얘기를 나눈 뒤의 사건임을 알게 되었다. 소녀는 소년에게 아주 상냥하게 대해 준 모양이었다. 그리하여 사람들은 그 황홀한 도취의 순간이 앞으로 두 번 다시 되풀이 되지 않으리라고 생각한 소년이 자기 앞길에 놓인 무의미한 날들을 상상하고서 그처럼 스스로 생명을 끊으려 한 것이라고 생각했다.

소년이 가끔씩 어느 친구에게 털어놓은 이야기를 미루어보면, 소년은 그 소녀와 만날 때마다 언제나 뭔가 처음 기대했던 것과는 다르다는 느낌을 경험한 모양이었다. 한데, 그렇게 소녀와 헤어지고 나면 다시금 소년은 자신의 풍부한 상상력을 통해 현재 거기에 없는 소녀에 대해 또 다시 그 모든 힘을 되찾고 그리하여 못 견디게 만나고 싶은 생각에 다시 사로잡히는 것이었다. 소년은 언제나 자신이 뭔가 기만당했다고 느끼는 이유를 불안정한 주위 사정 탓으로 돌리려고 했다. 어쨌든 마지막으로 소녀를 만났을 때, 소년은 그 묘한 환상의 힘으로 자신의 감수성을 충족시킨 고도의 완벽성에로까지 연인을 이끌고 가, 그의 그러한 완벽하지 않은 완벽 속에서 절대의 완벽과 비교하고는 끝내 절망하여 창가에서 몸을 던진 거였다.

그 이후 소년은 백치가 되어 계속 오래 살았으나 그 추락으로 영혼과 사고를 잃어버렸고, 보지 않고도 그 소녀임을 알게 하던 그녀의 말까지도 잊어버렸다. 소녀는 온갖 애원과 협박을 물리치고 소년과 결혼하였으나 그에게 그러한 사실조차 알려 주지 못한 채 몇 년 후 세상을 떠나버렸다.

인생은 바로 그 소년을 닮았다. 우리가 인생을 사랑하는 것은 인생을 꿈꾸는 까닭이다. 인생을 살려고 해서는 안 된다. 인생은 이 소년처럼 어리석음 속에 몸을 던지는 것이다. 물론 그것은 순간의 일이 아니다. 인생에서는 모든 일이 눈에 보이지 않는 가운데 서서히 타락해 가는 것이다. 10년 세월이 지나면 사람들은 더 이상 자신의 꿈을 인식하지 못하거나 혹은 그것을 부정하고 마치 황소처럼 그날그날의 풀을 뜯기 위해 살게 된다. 그리하여 우리가 죽음과 결혼한 후 우리들 의식의 불멸성이 탄생할지야 누가 알겠는가?

나무는 절실한 설교자다

태초 이래 나무는 공기처럼 늘 우리 곁에 공존하고 있다. 그러나 우리는 공기에게 그러하듯 자신의 모든 것을 내어주는 나무에 대해서도 고마움을 모른 채 살고 있다. 지구상에 존재하는 나무는 약 3조 400억 개에 달한다고 한다. 반면 해마다 100억 그루씩의 나무가 인간을 위해 잘려나간다는 사실을 간과하고 있다. 프랑스의 작가이며 식물학자인 쟈크 브로스는 그의 저서 『나무의 신화』에서 "인간의 불행은 나무와 숲을 파괴하면서 시작됐다."라고 했다. 그 의미를 깊이 생각해 볼 필요가 있다.

『데미안』 『싯다르타』 『유리알 유희』등의 소설로 유명한 독일의 대문호 헤르만 헤세(Hermann Hesse)는 85세로 생을 마감할 때까지 소설뿐 아니라 화가, 시인, 수필가로도 왕성한 활동을 했다.

어느 날 그가 구름을 좋아한다는 신문기사 한 줄을 읽고 구름과 헷세에 매료됐던 기억이 새롭다. 그의 서정적이고 낭만적인 많은 시들은 거의 대자연에서 비롯된 것임을 알 수 있다. 구름은 물론 가을

비, 바람, 호수, 정원, 눈 속의 처연한 달빛 등을 사랑한 그는 '나무'와 숲을 작품의 소재로 즐겨 다루었다.

헤세의 수필 「나무」는 나무를 의인화하여 우리에게 위로와 교훈을 주는 내용으로, 한 문장마다 체험에서 우러나오는 공감대를 형성한다.

"나무는 언제나 절실한 설교자다" 우리가 힘들 때, 숲을 찾아가서 나무를 오랫동안 바라보고 있노라면 어떤 유능한 설교자보다도 말없는 말로 위로 받고 스스로 마음의 상처가 치유됨을 느낄 수 있다.

"나무와 이야기를 나누고 그 말을 알아듣는 사람은 진리를 안다."

"베토벤이나 니체 같은 위대하면서도 고독한 그런 인물이다."라고도 했다.

즉 나무는 베토벤같이 웅장한 음악을 연주하지 않아도, 니체의 어떤 철학적 사유를 논하지 않아도 우리가 찾아가면 그 자리에 서서 음악을 들려주기도 하고 우리의 상실된 자아를 찾게 해주기도 한다. 나무는 언제나 내 편이다. 우리가 나무를 바라보며 스스로 위로 받는 것은 나 자신이 주체이기 때문에 내가 원하는 답을 나무에게서 얻을 수 있다.

나무는 많은 예술인, 문학인들에게 작품의 소재가 되기도 한다. 자연을 사랑하는 「문학의 집 · 서울」에서는 해마다 생태 숲에서 세미나를 개최하여 숲의 소중함을 일깨우며 참가자들에게 나무, 꽃등 자연을 소재로 한 글을 청탁한다. 문인들이 자신을 지켜주는 정신적 지주와도 같은 나무에 얽힌 에피소드와 추억담을 감동적으로 그려내는 것을 볼 수 있다.

나도 어릴 적부터 내 가슴 속에 평생 간직한 정릉 숲의 아름드리 느티나무가 있었다. 마음이 울적할 때면 때때로 그 나무를 찾아, 하늘을 가리도록 짙게 우거진 그늘 아래서 위로받고 돌아오곤 했다. 그리던 옛 친구를 찾는 마음으로 많은 세월이 흐른 뒤 다시 가보니 나무는 무참히 잘려나가고 드넓은 숲이 사라진 자리엔 현대식 빌라들이 점령하고 있었다. 그 푸른 나무 아래서 뛰놀며 키웠던 꿈들도 나무와 함께 잘려나간 듯 쓰린 고통이 밀려왔다.

"그의 나이테와 옹두리에는 온갖 행복과 성장의 과정이 성실하게 기록되어 있고, 고생스러웠던 해와 무성하게 자랐던 해, 그리고 잘도 견뎌냈던 공격과 참아 냈던 폭풍이 모조리 씌어져 있다."라고 했다. 우리도 다를 게 없어 가슴을 열어보면 살아 온 희로애락의 모든 여정이 켜켜이 나이테로 새겨져 있을 것이다.

"나무는 말한다. - 나의 내부에는 하나의 핵(核)과 불꽃과 사상이 숨겨져 있다. 나는 영생하는 존재이다." 즉 나무에게는 영원불변성이 있다는 것이다.

또 "나무는 말한다.- 나의 힘은 신뢰다." 그리하여 인간들이 슬픔에 차서 생을 견뎌 나갈 수 없을 때 우리에게 "참아라, 참고 나를 보아라!"라고….

나무가 우리보다 오래 산 만큼 우리보다 냉철하고 현명하다. 그러므로 나무의 속삭임에 귀를 기울여야 한다는 교훈을 준다.

이 수필에서 헤세는 인간의 모든 길은 어머니와 고향에 종착된다고 했다. 우리가 걷는 한 걸음 한 걸음은 어머니와 고향으로 향하고 있는 것이다. 고향과 어머니는 우리 내부에 잠재의식으로 자리 잡고 있고, 그곳이 바로 우리의 도피처라는 의미를 작가는 전하고 싶은 것이리라.

나무는 결국 고향과 어머니와 같은 우리 최후의 안식처가 아닐까!

나 무

헤르만 헤세
(소설가 · 1872~1962)

나무는 내게 언제나 제일 절실한 설교자이다. 나무가 대중이나 가족을 이루고 살아갈 때 그리고 숲이나 삼림 속에서 나는 그들을 존경한다. 그러나 그들은 따로따로 서 있을 때 더욱 돋보인다. 그들은 고독자와 같지만 어떤 잘못 때문에 슬쩍 도망친 은둔자 같은 존재가 아니라 베토벤이나 니체 같은, 위대하면서도 고독한 그런 인물이다. 가느다란 나뭇가지 속에서는 세계가 살랑이고 그들의 뿌리는 무한 속에서 휴식을 취한다.

하지만 그들은 그곳에서 자신을 잃어버리는 것이 아니라 생명이 갖는 온갖 힘을 다해 단 하나만을 이룩하기 위해 애를 쓴다. 그들 내부에 도사린 법칙을 완수하고 자신의 참된 모습을 세우며 자신을 표현키 위하여, 아름답고 튼튼한 나무보다 더 신성하고 지혜로운 것은 없다.

나무 한 그루가 톱에 잘려 그의 벌거벗은 죽음의 상처가 햇빛에 드러나면 그의 묘비가 되는 셈인 그 표면에서 그가 거쳐 온 역사 전부를 읽을 수가 있다. 그의 나이테와 옹두리에는 온갖 투쟁과 고뇌와 질병 그리고 그가 맛보았던 온갖 행복과 성장의 과정이 성실하게 기록되어 있고, 고생스러웠던 해와 무성하게 자랐던 해, 그리고 잘도 견뎌냈던 공격과 참아냈던 폭풍이 모조리 씌어져 있다.

농사꾼의 아들이라면 누구나 단단하고 고귀한 나무는 나이테가 빽빽하다는 사실, 가장 굳세고 힘차며 모범적인 줄기는 높은 산 위나 항상 계속되는 위험 속에서 자란다는 사실을 안다. 나무는 성스러운 존재이다. 그들과 이야기를 나누고 그들의 이야기를 알아듣는 사람은 진리를 안다. 그들은 교훈과 처방을 내리는 것이 아니라 개체를 무시하고 생명의 근원 법칙만을 위해 설교한다.

나무는 말한다. - 나의 내부에는 하나의 핵(核)과 불꽃과 사상이 숨겨져 있다. 나는 영생하는 존재이다. 영원한 어머니가 나와 함께 감행했던 시도와 계획은 단 한 번만의 일이다.

내 모습이나 피부에 새겨진 무늬도 단 한 번만의 일이며 내 가지의 하찮은 잎새의 유희도, 아주 미세한 흉터도 단 한 번만의 일이다. 나의 임무는 이 독특한 한 번만의 일 속에서 영원한 것을 형성하고 보여주는 데 있다.

나무는 말한다. - 나의 힘은 신뢰다. 나는 선조에 대해서도, 해마다 내게서 자라나올 수천의 아이들에 대해서도 아무것도 모른다. 나는 내 종자의 비밀대로 끝까지 살아갈 뿐이요, 그 밖의 다른 것들은 내가 걱정할 바가 아니다. 나는 하느님이 나의 내부에 도사리고 계시다는 확신을 갖고 있으며, 내게 부여된 과업은 성스럽다는 것을 믿는다. 이러한 신념으로 나는 살아간다.

우리 인간들이 슬픔에 차서 생을 견뎌 나갈 수 없을 때, 한 그루의 나무는 우리에게 이렇게 말해 줄 것이다. 참아라, 참고 나를 보아라! 산다는 것은 그렇게 쉬운 일도, 어려운 일도 아니라고 생각하는 것은 어린애들의 생각일 뿐, 만일 그대의 내부에 도사린 신으로 하여금 말씀하시게 한다면 그런 생각들은 입을 다물게 되리라. 그대의 길이 어머니와 고향에서부터 자꾸만 멀어져간다 해서 그대는 불안해하는데, 그러나 그대가 걷는 한걸음 한걸음과 수많은 날들은 그대로 하여금 다시 어머니에게로 다가가게 하는 것이다. 고향은 여기에도, 거기에도 있는 게 아니라 그대의 내부에 도사리고 있거나 혹은 아무 곳에도 없는 것인지도 모른다.

저녁녘 바람에 살랑이는 나무의 소리를 듣노라면 방랑에 대한 그리움이 내 가슴을 쥐어뜯는다. 그것을 오랫동안 조용히 듣고 있노라면 그 그리움은 핵심과 의미를 보여준다. 그것이 설사 괴로움으로부터의 도피처럼 보인다 할지라도 그것은 고향을 향한 그리움이며 어머니의 추억이며 생의 새로운 모습에 대한 그리움이다. 그것은 집을 향해 가고 있다. 길은 어느 것이나 모두가 집으로 통해 있어 한걸음 한걸음이 새로운 탄생이요, 죽음이다. 그리고 모든 무덤은 곧 어머니이다.

우리들이 어린애 같은 신념으로 불안을 느낄 때, 나무는 어스름 저녁 우리들에게 그렇게 살랑거리며 일러준다. 나무는 그들이 우리보다 오랫동안 산만큼 심오하고 냉철한 사념을 갖고 있다. 그들은 우리들이 그들의 속삭임에 귀를 기울이지 않는 한 우리들 보다 훨씬 현명하다. 그러나 우리들이 나무의 속삭임을 알아듣게 되면 우리들의 사념의 모자람과 졸속은 무엇에도 비할 수 없는 만족을 얻게 된다. 나무에 귀를 기울일 줄 아는 사람은 나무가 되고 싶다는 것 이상의 소망을 갖게 되지는 않는다. 그리고 그 사람은 현재의 자기 자신 이상의 것이 되려고도 하지 않는다. 그의 현재가 바로 고향이며 행복이므로.